알아두면 쓸데 있는 新 잡학퀴즈

1600여 개의 재미있고 흥미진진한 상식 퀴즈

상위 1%로 가는

도나 호크 지음 | 서나연 옮김

알아두면 쓸데있는 新 잡학퀴즈

1600여 개의
궁극의 상식퀴즈

ULTIMATE

TRIVIA QUIZ

온스토리

게임을 사랑하며 호기심이 넘치는 내 가족에게

- 이 책에는 우리 식구 각자의 모습이 조금씩 들어 있다

{ 차례 }

게임과 퍼즐은 언제나 내 삶의 일부였다. 나는 델북스의 논리 퍼즐을 탐독하며 자랐고, 스크래블은 내 DNA에 새겨져 있다. 우리 가족 모두 휴가에서 가장 재미있었던 일은 주말 퀴즈 시간이었다고 말할 것이다. 지난 엿새 동안 일어났던 일을 얼마나 잘 기억하고 관찰했는지 시험해보는 퀴즈였다. 퀴즈에서 우승하면 휴가 마지막 날 저녁 식사로 남은 음식 중에서 원하는 것을 가장 먼저 고를 수 있었다.

내가 고등학교에 다닐 때는 〈트리비얼 퍼수Trivial Pursuit(시시콜콜한 일)〉라는 퀴즈 보드 게임이 인기를 끌었는데, 진열대에 놓이자마자 바로 팔려나갈 정도였다. 〈트리비얼 퍼수 일반상식 편〉을 마침내 차지하고 신나게 열풍에 동참했던 일이 기억난다. 물론 상식 퀴즈는 새로운 것이 아니다. 미국인들은 이미 〈피라미드〉 시리즈나 〈64,000달러 퀘스천〉, 그리고 1964년부터 방영되어 이 게임들의 할아버지 격인 〈제퍼디!〉로 퀴즈 풀이를 즐겨왔다.

〈트리비얼 퍼수〉의 새로운 점은 응접실 게임 상자라는 개념이었다. 우리는 집에서 놀이와 경쟁을 하고 싶어 한다는 사실조차 깨닫지 못하고 있었는데, 게임이 바로 그 빈자리를 채워준 것이다. 이 게임은 50여 편의 속편이 출시되었고, 게임에서 영감을 받은 TV 프로그램도 제작되었다. 26개국에서 최소 17개국 언어로 번역되어 1억 부의 판매량을 기록했다. 1979년 첫 출시 이후 40년이 지난 지금까지도 〈트리비아 크랙〉이라는 모바일 게임 형태로 살아남아 있다. 게임 제목이 중독성을 나타내려는 것이었다면, 제작자들은 제목을 제대로 지은 셈이다.

일반상식 편을 산 뒤로 나는 술집과 박물관, 온라인, 콘서트 파티, 베이비샤워에서, 그리고 사무실 대회에 나갔을 때, 추가 학점을 얻기 위해서 상식 문제에 답했다. 내가 《솝오페라 다이제스트》 잡지사에서 일하기 시작했을 때, 나는 마지막 순간에 퍼즐이나 게임이 필요할 때 으레 찾는 사람이 되었다. 결국 나는 잡지에 실리는 십자말풀이를 만들게 되었고, 지금도 만들고 있다. 그 일을 계기로 사이먼 앤 슈스터 출판사와 《게임스》 잡지, 《로스앤젤레스타임스》, 《뉴욕타임스》, 개인 고객들을 위해 십자말풀이를 제작하게 되었다. 나는 생일 물건 찾기 놀이, 새해 전야 파티 게임, 모바일 게임 회사 징가를 위한 상식 퀴즈 등을 창작했다.

미국인들의 상식 퀴즈 사랑은 교실의 경연대회에서 술집 퀴즈대회에 이르기까지 다양한 방식으로 꾸준히 나타난다. 이것은 아마도 아는 것을 과시하고 싶은 욕구와 밀접하게 연관되어 있는 것 같다. 내가 이 책을 쓰기 시작하기 직전에, 나는 친구들에게 술집에서 열리는 상식 퀴즈 대회가 급증하고 있다는 사실을 지적했다.

도전의식을 불러일으키면서 재미도 있는 신선한 문제들에 대한 요구는 꾸준히 존재한다. 바로 그런 이유에서 게임을 좋아하는 나의 동지 여러분이 이 책 『궁극의 상식 퀴즈』를 들고 있는 것이리라. 다양한 분야에서 출제된 1,600개가 넘는 문제를 풀다 보면, 여러분은 퀴즈대회나 가족 모임, 지루한 자동차 여행, 혹은 기분 좋은 경쟁이 필요한 어떤 행사라도 얼마든지 즐길 수 있을 것이다. 그럼 재미있게 풀어보기를!

이 책에는 1,600여 문항의 신선한 상식 퀴즈가 있다. 주제에 따라 여덟 개의 장으로 나누었고, 각 장에는 20여 개의 소주제 퀴즈들을 실었다. 질문은 세 가지 유형으로 제시된다.

Q&A: 질문이 제시되면 정답을 채워 넣어야 한다. 어려운 질문에는 보기가 주어진다. 보기의 모든 단어가 답으로 사용되는 것은 아니다. 게임에서 힌트를 허용할지, 힌트를 사용하면 점수에 반영할지를 결정할 수 있다.
사지선다형: 질문과 함께 제시된 네 개의 항목 중에서 정답 한 개를 선택한다.
순서 맞추기: 지시에 따라 답을 차례대로 배열한다. 순서에 맞는 자리에 배치된 답은 각각 정답 한 개로 간주한다(즉 모든 답이 순서에 맞아야 점수를 얻는 것이 아니다).

모든 질문을 혼자서 풀어나가도 좋고, 팀을 짜서 규칙을 정하고 풀거나, 나만의 게임으로 만들어도 좋다. 퀴즈 활용법에 대해 너무 고민하고 싶지 않다면 여기 소개하는 기분 좋은 경쟁을 위한 제안을 참고하라.

단체 게임으로 활용하기
각 장의 순서 맞추기 퀴즈는 시간제한이 있는 스피드 게임으로 즐기기에 제격이다. 친구들과 활용하는 방법 몇 가지를 소개한다.
단체 대항: 두 팀으로 나누고, 각 팀에서 한 명씩 번갈아 진행자를 선정한다. (참가자가 홀수일 때는 전체에서 한 명을 진행자로 정한다.) 각 팀에서 소주제 퀴즈 두 개 또는 각 장에서 두 문제씩을 선택하게 한다. 진행자가 질문을 정리하는 동안 팀은 번갈아 다른 방에서 기다린다. 정답 한 개에 1점씩을 주고, 2분 안에 모든 정답을 맞히면 보너스 점수를 준다. 점수를 합산해 최종 승자를 가린다.
개인 대항: 팀을 나누고 참가자들이 각자 답할 주제를 맡는다. 한 번에 참가자 1명씩을 '격리'한다(환풍기가 돌아가는 화장실에 들어가면 딱 좋다). 다른 팀 참가자가

양 팀 앞에서 질문에 답하고, 격려된 참가자에게 간다. 이번에는 격려되었다 나온 참가자가 문제를 푼다. 이 과정을 반복하며 단체 대항과 같은 방식으로 점수를 계산한다.

혼합 대항: 단체 대항 방식으로 7회를 진행한 다음, 각 팀에서 참가자 1명을 골라 시간제한을 두고 1회를 진행하며 정답에는 2점을 준다.

자율 대항: 참가 인원이 5명 이상이라면 팀을 나누고, 1명씩 번갈아 진행을 맡는다. 진행자는 전체 참가자에게 문제를 읽어준다. 가장 먼저 정답을 외치는 사람이 속한 팀이 2점을 얻는다. 오답일 경우 1점을 감점한다(주의하라!). 순서 맞추기가 한 번 완성될 때마다 진행자 역할을 바꾼다.

참가자가 2~4명일 때는 진행자 1명을 정해 문제를 읽게 한다. 4문제를 풀고 단체 대항과 같은 방식으로 점수를 계산한다.

두 명이 활용하기

연속 경기: 참가자 두 명이 함께 볼 수 있도록 책을 펼친다. 종이와 펜을 이용해 90초 안에 최대한 많은 문제의 답을 적는다. 정답 1개당 1점을 주고, 8개를 맞추면 추가 1점, 9개에는 추가 2점, 10개에는 추가 3점을 준다.

정면 승부: 참가자 두 명이 함께 볼 수 있도록 책을 펼친다. 타이머를 60초에 맞춘다. 60초 동안 두 참가자는 소리내지 않고 문제를 읽는다. 그런 다음 동전을 던져서 문제를 풀 순서를 정한다. 첫 순서가 된 참가자가 문제를 마음대로 고르고 답한다. 두 번째 참가자가 남은 문제 중에서 문제를 골라 답한다. 정답은 1점을 얻는다. 이런 방식으로 한 회에 두 문제씩 풀며 반복한다. 2회에서 정답은 2점을 얻는다. 회를 거듭할 때마다 점수를 1점씩 더하며, 문제를 다 풀 때까지 3회 더 반복한다. 게임을 진행할수록 분명해지겠지만, 높은 점수를 얻으려면 전략이 필요하다.

여기까지는 이 책을 즐기는 몇 가지 방법을 소개한 것이다. 틀린 방법이란 없다. 모두가 즐거워할 수 있다면 어떤 방식으로 도전해도 좋다.

OTT 시대 교양인을 위한 상식 길라잡이

이 책은 신석기시대부터 2028년 하계 올림픽을 비롯해, 그리스신화에서 저탄수화물 다이어트 식단을 아우르는 광범위한 영역을 포괄하는 다양한 퀴즈를 담고 있다. 폭넓은 주제를 건드리면서도 자칫 진부해지기 쉬운 단순한 객관식 퀴즈의 한계를 넘어서, 참신하고 수준 있는 퀴즈에 대한 갈증을 느끼는 독자들의 욕구를 채워줄 만한 깊이 있는 지식을 다루고 있다. 《뉴욕타임스》에서 십자말풀이를 담당했던 저자의 내공이 실로 돋보이는 책이다. 흔히 예상할 수 있고, 어디선가 본 듯한 문제들이 아니라 사소하고 시시콜콜하면서도 지적 호기심을 자극하는 내용 덕분에 책을 우리말로 옮기는 과정에서도 새로운 사실을 많이 배울 수 있었다.

이 책의 또 다른 특징은 다채로운 주제를 넘나들면서도 전반적으로는 '미국 문화'라는 큰 범주를 벗어나지 않는다는 점이다. 미국의 역사, 문학, 언어, 대중문화 등에 관한 문제가 상당히 많아서 실제로 미국 문화권에서 생활하는 사람이 아니라면 다소 낯설고 어렵게 느낄 수 있다. 하지만 멀게는 묵직한 브라운관 텔레비전에서 AFKN 채널로 미국 문화를 접했던 시대부터, 유선방송으로 각종 미국 드라마를 접하며 '미드'라는 줄임말이 탄생한 시대를 거쳐, OTT 서비스를 통해 국가의 경계를 넘어서 시차 없이 전 세계에서 같은 콘텐츠를 즐기는 현재에 이르기까지, 미국 문화에 대한 경험을 역사적으로 축적한 국내의 독자에게는 오히려 흥미로운 도전이 될 수도 있을 것이다.

특히 웬만큼 유명한 미국의 콘텐츠는 섭렵해서 더는 볼 것이 없다는 독자라면, 퀴즈에서 언급되는 고전 명작들을 눈여겨보았다가 찾아보기를 권한다. 국내에 방영된 적이 있거나, 현재 볼 수 있는 작품들이 의외로 많다. 그런 경우에는 원작 제목보다는 국내 출시 제목을 기준으로 표기했으므로 찾기 어렵지 않을 것이다.

반면 영어 신조어나 은어와 관련된 내용은 발음대로만 표기한 부분도 있다. 퀴즈라는 특성상 우리말로 의미를 옮기면 답을 제시하는 것과 다를 바 없는 경우다. 퀴즈로 풀기에 어려운 내용일 수도 있지만, 정답을 참고하면 생생한 생활 영어를 배우는 재미있는 기회가 될 수도 있다.

그리고 먼저 퀴즈를 풀어본 독자로서, 뜻밖의 곳에서 한국 관련 퀴즈를 만나는 즐거움도 있다는 사실도 귀띔해두고 싶다. 물론 다른 문제에 비하면 아쉬움도 있지만, 아마 훗날 3권이 나온다면 좀 더 풍부한 내용이 담기지 않을까 기대해본다.

심심풀이로 최신 상식 퀴즈를 풀어본다는 가벼운 마음에서 책을 펼치든, 소소하지만 그만큼 세밀하게 미국 문화의 면면들을 간접 경험해본다는 진지한 태도로 책장을 넘기든, 요즘처럼 여가 활동이 자유롭지 못한 시기에 부담스럽지 않게 재미와 의미를 모두 찾을 수 있는 시간이 되리라 생각한다.

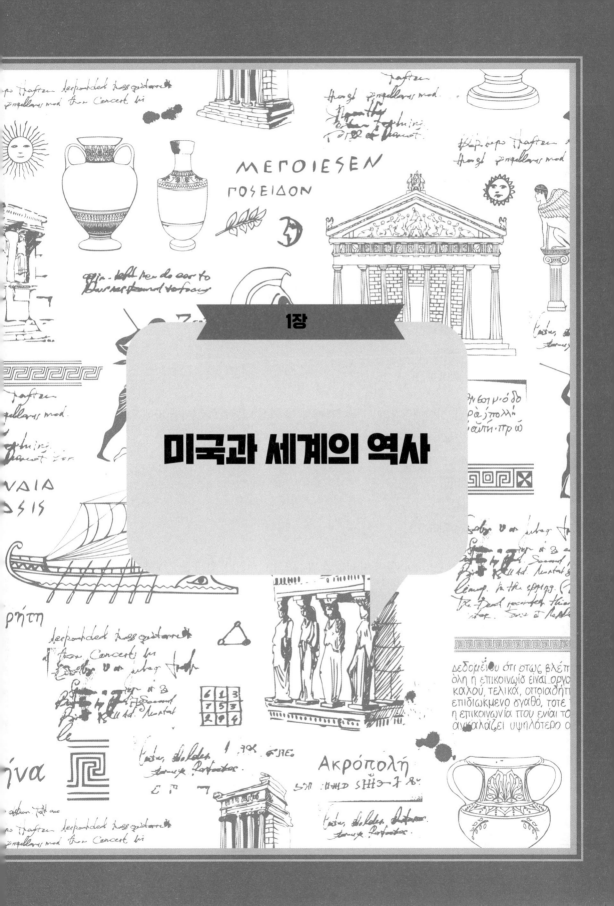

1장

미국과 세계의 역사

현대사

1. 9·11 테러가 일어나고 얼마 후, 언론사와 정치인들에게 봉투가 속속 날아들었다. 이 봉투에는 어떤 질병을 일으키는 포자가 들어 있었을까?

   a. 스포로트릭스증

   b. 탄저병

   c. 계곡열

   d. 아스페르길루스증

2. 다음 중에서 2010년 이전에 끝난 내전이 아닌 것은?

   a. 앙골라 내전

   b. 스리랑카 내전

   c. 시에라리온 내전

   d. 소말리아 내전

3. 2006년, 남아메리카의 어느 나라에서 첫 여성 대통령으로 미첼 바첼레트를 선출했을까?

   a. 칠레

   b. 볼리비아

   c. 브라질

   d. 베네수엘라

4. 2006년에는 5월 18일이 이 나라의 민주화의 날이었다. 원래 군주제 국가였던 이 나라는 어디일까?

   a. 방글라데시

   b. 부탄

   c. 네팔

   d. 미얀마

5. 미국 역사상 가장 큰 손실을 입힌 자연재해로 2005년에 발생한 허리케인의 이름은 무엇일까?

   a. 카트리나

   b. 플로렌스

   c. 휴고

   d. 앤드루

1장 문제의 정답은 274쪽부터 차례대로 찾을 수 있다.

6. 2018년, 12명의 소년과 소년들을 지도하던 축구팀 감독은 침수된 동굴에 갇힌 지 12일 만에 구조되었다. 이 동굴은 어느 나라에 있을까?

a. 말레이시아

b. 인도

c. 싱가포르

d. 태국

7. 2019년 4월에 불탄 유럽의 명소는?

a. 파르테논 신전

b. 콜로세움

c. 노트르담 성당

d. 바티칸

8. 2010년, 일본을 추월해 세계 2위의 경제대국이 된 나라는?

a. 중국

b. 오스트레일리아

c. 남아프리카

d. 인도

9. 23앤드미(23andMe)를 비롯한 여러 기업은 어떤 정보에 대한 상세한 개인별 분석을 제공하는 사업을 시작했을까?

a. 필적

b. DNA

c. 성격

d. 기대 수명

10. 2018년과 2019년에 걸쳐, 논란 많은 미국 정부는 숫자 3으로 특징지어졌다. 다음 중 맞는 것은?

a. 3,000회의 트위터 폭풍

b. 3회의 국무장관 교체

c. 3회의 정부 셧다운

d. 3회의 연방 대법관 인준

선거운동 구호

다음의 유명한 선거 구호를 사용한 미국 대통령은 누구일까?

1. '미국을 다시 위대하게'

2. '우리가 믿을 수 있는 변화'

3. '나는 아이크가 좋아.'

4. '행복한 시절이 다시 여기에'

5. '끊임없이 미래를 생각하라.'

6. '미국은 다시 아침입니다.'

7. '티피카누, 그리고 타일러도'

8. '그는 우리를 전쟁에 참여시키지 않았다.'

9. '정상으로의 복귀'

10. '강 한가운데서 말을 바꿔타지 말라.'

1. 린-마누엘 미란다의 브로드웨이 흥행작은 론 처노가 집필한 전기를 바탕으로 만들어졌다. 전기의 주인공은 누구일까?

   a. 제임스 매디슨   b. 알렉산더 해밀턴

   c. 벤저민 프랭클린   d. 조지 워싱턴

2. 아르헨티나 지도자 에바 페론의 생애를 담은 앤드루 로이드 웨버의 뮤지컬은?

   a. 더 라이크스 오브 어스

   b. 러브 네버 다이즈

   c. 에비타

   d. 우먼 인 화이트

3. 제이슨 로버트 브라운의 토니상 수상작은 연필 공장에서 동료 직원을 살해한 혐의로 유죄 선고를 받은 레오 프랭크의 재판과 죽음을 다룬다. 이 작품의 제목은 무엇일까?

   a. 퍼레이드

   b. 라스트 파이브 이어스

   c. 웨어링 썸원 엘시스 클로스

   d. 송 포 어 뉴 월드

4. E. L. 닥터로의 1975년 소설을 바탕으로 한 이 뮤지컬 작품은 20세기 초반을 배경으로 아프리카계 미국인과 상류층 교외 거주자, 동유럽 이민자의 이야기를 들려준다. 이 작품의 제목은?

   a. 카바레

   b. 래그타임

   c. 스코츠버러 소년들

   d. 해밀턴

5. 프랑스 혁명을 그린 뮤지컬의 고전 〈레 미제라블〉에서 주인공은 누구인가?

   a. 자베르

   b. 장 발장

   c. 마리우스 퐁메르시

   d. 장 프루베르

6. 오랫동안 사랑받아온 〈사운드 오브 뮤직〉은 제2차 세계대전 기간 중 어느 나라를 배경으로 진행될까?
   a. 독일
   b. 스위스
   c. 오스트리아
   d. 폴란드

7. 포스터에 '역사가 온통 섹시해졌다'라는 홍보 문구를 쓴 록 뮤지컬은 무엇일까?
   a. 해밀턴
   b. 블러디 블러디 앤드루 잭슨
   c. 카바레
   d. 어쌔신

8. 나치가 정권을 장악해가는 독일이 배경인 〈카바레〉는 지저분한 술집을 무대로 펼쳐지는 여러 삶의 모습에 집중한다. 이 술집의 이름은?
   a. 팁톱클럽
   b. 힙합클럽
   c. 톰캣클럽
   d. 킷캣클럽

9. 〈미스 사이공〉은 자코모 푸치니의 오페라 〈나비부인〉을 현대화한 작품이다. 〈미스 사이공〉에서 재구성하는 비극적 사랑 이야기의 배경은 어떤 전쟁일까?
   a. 제1차 세계대전
   b. 제2차 세계대전
   c. 7년전쟁
   d. 베트남전쟁

10. 미국의 독립선언문 채택에 관한 뮤지컬 〈1776〉의 노래 '앉으시오, 존'에서 존은 누구를 가리킬까?
    a. 존 핸콕
    b. 존 위더스푼
    c. 존 애덤스
    d. 조시아 바틀렛

어떤 전쟁?

보기

·남북전쟁	·한국전쟁	·1812년 전쟁(미영전쟁)
·프렌치-인디언 전쟁	·페이스트리 전쟁	·남미태평양전쟁
·프랑스 혁명	·러시아내전	·제1차 세계대전
·백년전쟁	·트로이 전쟁	·제2차 세계대전
·이라크전쟁	·베트남전쟁	

1. 1953년 7월에 공식적으로 정전협정이 체결되었지만, 교전 당사국 사이에 평화협정은 체결되지 않았다.

2. 미국 역사상 가장 많이 연구되고 가장 많은 관련 저작을 낳은 전쟁이다.

3. 이 전쟁을 '매디슨 씨의 전쟁'이라고 부르며 비난하는 사람들도 있었다.

4. 이 전쟁에서 가장 오랜 기간 진행된 전투는 '대서양전투'였다.

5. 이 전쟁을 개시한 공습에 대해 교황 요한 바오로 2세는 반대 의견을 표명했다. 하지만 공격을 감행한 미국 대통령은 '신이 내게 이 폭정을 끝내라고 말씀하셨다'라고 선언했다.

6. 미국은 1년 7개월 5일 동안 이 전쟁에 참여했다.

7. '제1차 프랑스-멕시코 전쟁'이라고 부르기도 한다.

8. 이 전쟁은 아키텐의 몰수를 둘러싼 분쟁으로 시작되었다.

9. 이 격변은 '99퍼센트의 반란'이라고 부를 만하다.

10. 이 전쟁의 첫 5개월 동안은 해군이 중심이었다.

시작은?

1. 최초의 복합적 도시 문명의 본거지인 메소포타미아의 대부분 지역은 현재 어느 나라에 속할까?
   a. 이집트
   b. 이라크
   c. 이란
   d. 인도

2. 고대 아프리카 사회는 어떤 방법으로 다른 문명에 대한 정보를 모았을까?
   a. 군사 정복
   b. 포트럭 저녁 식사
   c. 무역
   d. 노동 단체

3. 페르시아는 오늘날 어느 나라에 해당하는가?
   a. 이란
   b. 터키
   c. 이집트
   d. 이라크

4. 유명한 아피아 가도를 비롯하여 도로 건설 업적으로 널리 인정받는 민족은?
   a. 에르투리아인
   b. 페니키아인
   c. 로마인
   d. 코린토스인

5. 종이와 인쇄술의 중요한 발명품은 고대의 어느 지역에서 유래했을까?
   a. 중국
   b. 그리스
   c. 로마
   d. 이집트

6. 콜럼버스가 아메리카 대륙을 발견하기 전까지 남아메리카에서 가장 큰 제국이었고, 오늘날의 페루가 중심지였던 나라는?

　a. 마야

　b. 잉카

　c. 아스테카

　d. 멕시코

7. 환경적 재앙으로 사라지기 전에 천문학에 대한 이해가 고도로 발달했던 문명은?

　a. 잉카

　b. 페르시아

　c. 아스테카

　d. 마야

8. 기원전 776년에 일어난 사건은?

　a. 이집트인들이 스핑크스를 건설했다.

　b. 그리스에서 첫 번째 올림픽을 개최했다.

　c. 그리스인들이 파르테논 신전을 건설했다.

　d. 중국인들이 비단을 발명했다.

9. 초기 형태의 수세식 변기를 발명해 사용한 곳은 어디일까?

　a. 인더스 계곡

　b. 멕시코

　c. 이집트

　d. 페르시아

10. 신석기 혁명의 특징은 농경 활동의 출현이다. 아래 설명 중에서 변화에 대한 사실로 맞지 않는 것은?

　a. 인류가 섭취하는 영양의 질적 증대를 보여주었다.

　b. 수렵과 채집 생활에 대한 의존을 줄여주었다.

　c. 농업 혁명이라고도 불렸다.

　d. 비옥한 초승달 지대에서 기원을 찾을 수 있다.

왕과 여왕

참일까? 거짓일까?

1. 에드워드는 잉글랜드 최초의 왕이었다.

2. 현존하는 군주국 대부분은 군주의 절대 권력을 유지하고 있다.

3. 2019년 사우디아라비아의 통치자는 살만 국왕이었다.

4. 2019년에 재위 47년을 맞은 덴마크 여왕 마르그레테 2세는 살아 있는 지도자 중에서 가장 오랜 기간 통치한 기록을 세웠다.

5. 세계에는 현재 40개국 이상의 군주제 국가가 있다.

6. 스위스는 대공국으로 남아 있는 유일한 국가다.

7. 흰 웨딩드레스는 영국의 앤 여왕이 결혼식에서 입은 뒤로 대중화되었다.

8. 카타르는 1825년부터 알 타니 일가가 통치해왔다.

9. 노르웨이 국왕 하랄 5세는 평민인 소냐 하랄센과 결혼하여 논란을 일으켰다.

10. 스코틀랜드의 메리 여왕은 한 살도 되기 전에 즉위했다.

세계 여성사

1. 에이브러햄 링컨은 이 작가의 작품이 남북전쟁을 일으키는 계기가 되었다고 칭송했다. 『톰 아저씨의 오두막』을 집필한 이 작가는 누구일까?
   a. 해리엇 터브먼　　　　　　　b. 소저너 트루스
   c. 해리엇 비처 스토　　　　　　d. 하퍼 리

2. 여성 참정권 운동의 선구자로 1848년 4월, 뉴욕 세네카 폴스에서 발표된 권리와 감성 선언서를 작성한 사람은 누구일까?
   a. 마거릿 풀러
   b. 수전 B. 앤서니
   c. 엘리자베스 캐디 스탠턴
   d. 메리 토드 링컨

3. 노벨상을 받은 최초의 여성은 마리 퀴리다. 노벨 평화상을 수상해 미국 여성으로서는 처음으로 노벨상을 받은 사람은 누구일까?
   a. 제인 애덤스
   b. 펄 벅
   c. 테레사 수녀
   d. 엘리너 오스트롬

4. 선구적인 환경보호론자 레이철 카슨은 『침묵의 봄』에서 어떤 환경적 요인의 위험성을 지적했다. 환경을 오염시키는 이 요인은 무엇일까?
   a. 플라스틱
   b. 방사능
   c. 탄광업
   d. 합성살충제

5. 20세기 중반, 페미니즘이 자리를 잡으면서 『제2의 성』은 여성운동의 경전이 되었다. 이 책을 쓴 작가는 누구일까?
   a. 코코 샤넬
   b. 베티 프리던
   c. 캐서린 햅번
   d. 시몬 드 보부아르

6. 로자 파크스가 버스에서 백인 승객에게 자리 양보를 거부한 일은 시민권 운동에 불을 지피는 계기였다. 이 사건이 일어난 곳은 어디일까?
a. 앨라배마
b. 조지아
c. 미시시피
d. 사우스캐롤라이나

7. "모든 일에도 불구하고 나는 여전히 사람들의 마음은 진정으로 선하다고 믿는다"라는 말을 남긴 사람은?
a. 잔 다르크
b. 안네 프랑크
c. 인디라 간디
d. 에밀리 디킨슨

8. 2003년에 오프라 윈프리가 이룩한 업적은?
a. 흑인 여성 최초로 공개 주식거래를 했다.
b. 오스카상을 받았다.
c. 흑인 여성 최초로 억만장자가 되었다.
d. 타임지 표지를 장식했다.

9. 파키스탄의 시민운동가 말랄라 유사프자이에 대한 설명으로 틀린 것은?
a. 최연소 노벨상 수상자다.
b. 탈레반의 살해 시도에서 살아남았다.
c. 11세에 BBC 블로그에 익명으로 글을 썼다.
d. 현재 프랑스에 거주한다.

10. 비그디스 핀보가도티르는 세계 최초의 여성 대통령이다. 어느 나라에서 선출되었을까?
a. 독일
b. 아이슬란드
c. 핀란드
d. 덴마크

춤의 달인

1. 이 브라질 춤에서는 타악기와 기타, 탬버린으로 음악을 반주한다.

2. 중국의 무용단은 이 생명체를 인형으로 만들어 조종하며 불운을 쫓는 춤을 춘다.

3. 껑충 뛴다는 뜻의 '호파크' 혹은 '코사크'는 활기차고 즉흥적인 부분이 많은 춤이다. 어느 나라에서 유래한 춤일까?

4. 발리우드 춤은 11개의 무드라를 사용하여 이야기를 하는 바라타 나티얌에 바탕을 둔다. 무드라는 무엇일까?

5. 엉덩이를 빠르게 흔드는 동작이 특징인 오테아는 프랑스령 폴리네시아의 어느 지역 전통춤일까?

6. 마오리족 남자들이 전쟁에 나가기 전에 승리를 기원하는 춤인 하카는 어느 나라의 전통춤일까?

7. 코트디부아르의 자울리 춤은 어떤 종류의 가리개를 사용해 더욱 화려하게 표현될까?

8. 손가락 스냅과 박수, 스패니시 기타가 늘 따라다니는 열정적인 춤의 이름은 무엇일까?

9. 박자에 맞추어 발을 굴러 소리를 내는 아일랜드의 스텝 댄스의 독특한 특징은 무엇일까?

10. 원래 농민들이 추던 춤인 폴카는 어느 지역에서 유래했을까?

나는 믿는다

1. 다음 중에서 신자들이 하나 이상의 신을 믿는 다신교 신앙 체제는?

    a. 기독교

    b. 이슬람교

    c. 시크교

    d. 힌두교

2. 인격을 가진 존재로서의 신을 거부하고, 우주와 신을 동일시하는 믿음을 나타내는 것은?

    a. 무신론

    b. 범신론

    c. 불가지론

    d. 신성의 본질

3. 다음 중에서 윤회를 믿지 않는 종교는?

    a. 힌두교

    b. 이슬람교

    c. 하레 크리슈나교

    d. 자이나교

4. 가톨릭에서는 화체설을 믿는다. 이 믿음을 설명하는 것으로 알맞은 것은?

    a. 성스러운 빵과 포도주는 그리스도의 몸과 피가 된다.

    b. 예수는 부활했다.

    c. 모든 죄는 용서받을 수 있다.

    d. 죽은 자는 천국으로 간다.

5. 신자가 가장 많은 종교는?

    a. 이슬람교

    b. 힌두교

    c. 기독교

    d. 모르몬교

6. 론 허버드가 창설하고 인생의 8단계를 믿는 종교는?

    a. 모르몬교

    b. 사이언톨로지

    c. 제7일안식일예수재림교

    d. 사탄주의

7. 세속적인 휴머니즘은 어떤 종교적 정체성과 가장 밀접한 관련이 있을까?

    a. 위카

    b. 불교

    c. 유대교

    d. 무신론

8. 다음 중에서 여성을 성직자로 임명하지 않는 기독교 교파는?

    a. 가톨릭

    b. 장로교

    c. 성공회

    d. 감리교

9. 힌두교에서 매년 가을에 열리는 '빛의 축제'는?

    a. 마하 시바 라트리

    b. 홀리

    c. 디왈리

    d. 두세라

10. 미국 대통령의 대다수는 여기에 속한다.

    a. 개신교

    b. 가톨릭

    c. 무교

    d. 유니테리언

어느 나라가 처음으로…

보기
· 브라질	· 말라위	· 남아프리카
· 중국	· 모로코	· 스페인
· 이집트	· 네덜란드	· 스웨덴
· 핀란드	· 뉴질랜드	· 우루과이
· 프랑스	· 노르웨이	
· 룩셈부르크	· 러시아	

1. 우주에 사람을 보냈을까?

2. 남극점과 북극점에 모두 도달한 탐험가를 갖게 되었을까?

3. 유럽에서 노예제를 폐지하는 법을 만들었을까?

4. 여성에게 투표권을 주었을까?

5. 새로운 말라리아 백신을 시험적으로 사용하고 있을까?

6. 동성결혼을 합법화했을까?

7. 달의 반대편에 착륙했을까?

8. 모두에게 대중교통을 무료화했을까?

9. 미국을 국가로 인정했을까?

10. 마리화나를 완전히 합법화했을까?

누가 말했을까?

1. '가는 곳마다 사랑을 전하라. 만나는 사람마다 더 행복한 마음으로 떠나게 하라.'
   a. 존 레넌
   b. 테레사 수녀
   c. 오프라 윈프리
   d. 버락 오바마

2. '동의하지 않는 생각이라도 고려해볼 수 있는 것이 배운 자의 특징이다.'
   a. 안티스테네스
   b. 소크라테스
   c. 플라톤
   d. 아리스토텔레스

3. '노력 없이 얻는 것은 없다.'
   a. 토머스 제퍼슨
   b. 벤저민 프랭클린
   c. 존 애덤스
   d. 조지 워싱턴

4. '살아 있는 것의 가장 큰 영광은 절대 넘어지지 않는 데 있지 않고, 넘어질 때마다 일어나는 데 있다.'
   a. 넬슨 만델라
   b. 마하트마 간디
   c. 달라이라마 14세
   d. 지미 카터

5. '우리가 이기면, 아무도 신경 쓰지 않을 것이다. 우리가 지면, 신경 써줄 사람이 없어질 것이다.'
   a. 이오시프 스탈린
   b. 윈스턴 처칠
   c. 찰스 드골
   d. 아돌프 히틀러

6. '정말로 자세히 들여다보면, 갑작스러운 성공은 대부분 오랜 시간에 걸쳐 이루어진 것이다.'

   a. 토머스 에디슨

   b. 스티브 잡스

   c. 제프 베이조스

   d. 버락 오바마

7. '마음을 정하고 나면 두려움이 줄어든다는 것을 지난 세월 동안 배웠다.'

   a. 마틴 루터 킹 주니어

   b. 해리엇 터브먼

   c. 프레더릭 더글러스

   d. 로자 파크스

8. '호감을 얻기 위해 시작한다면, 언제든지 무엇에든 타협할 준비가 되어 있을 것이고, 그렇다면 아무것도 성취하지 못할 것이다.'

   a. 마거릿 대처

   b. 앙겔라 메르켈

   c. 애들레이 스티븐슨

   d. 도널드 트럼프

9. '나는 82명과 혁명을 시작했다. 다시 혁명을 해야 한다면 확고한 신념을 가지고 10명이나 15명과 함께 하겠다. 신념과 실행 계획만 있으면 수가 적은 것은 문제가 아니다.'

   a. 막시밀리앙 로베스피에르

   b. 조지 워싱턴

   c. 피델 카스트로

   d. 블라디미르 레닌

10. '인간을 단결시키는 힘은 단 두 가지, 공포와 흥미다.'

   a. 마오쩌둥

   b. 율리시스 S. 그랜트

   c. 리처드 닉슨

   d. 나폴레옹 보나파르트

시대를 가로질러

각 목록에 있는 사건들을 일어난 순서대로 나열해보자.

중세

· 헤이스팅스 전투
· 콘스탄티노플 함락
· 백년전쟁 시작
· 유럽에 흑사병 발생
· 마그나카르타(대헌장) 서명
· 잔 다르크가 이끈 오를레앙 전투

시대 순서

· 청동기시대
· 석기시대
· 계몽주의시대
· 암흑시대
· 르네상스
· 중세
· 철기시대

탐험의 시대

· 마젤란이 세계를 일주하다.
· 헨리 허드슨이 뉴욕을 네덜란드 식민지로 선언하다.
· 바스쿠 다가마가 유럽에서 바닷길로 아시아에 도달할 수 있음을 증명하다.
· 피사로가 페루로 항해를 떠나 잉카 제국을 만나다.
· 콜럼버스가 신세계에 상륙하다.
· 폰세 데 레온이 플로리다를 스페인 식민지로 선언하다.

세계의 12월

1. 크리스마스이브 전 토요일은 필리핀에서 가장 환한 날이다. 이날에 매년 어떤 행사가 열리기 때문일까?

   a. 자이언트 랜턴 페스티벌　　　　b. 모니토 모니타 선물 교환

   c. 캐럴 축제　　　　　　　　　　d. 동방박사 축일 미사

2. 예블레 성 광장에 13미터 높이의 염소를 세우는 것은 스웨덴의 크리스마스 전통이다. 그런데 이 염소 덕분에 새로운 전통이 생겼다. 무엇일까?

   a. 염소 주위를 돌며 춤춘다.

   b. 염소를 불태우려 한다.

   c. 염소 꼭대기로 올라가 사진을 찍는다.

   d. 염소 안에 선물을 채운다.

3. 오스트리아의 세인트 닉에게는 '말 안 듣는' 어린이를 겁주는 조수가 있다. 조수의 이름은 무엇일까?

   a. 세인트 딕

   b. 커머전

   c. 나쁜 놈

   d. 크람푸스

4. 미국의 유대인들은 크리스마스에 중국 음식과 영화를 즐기곤 한다. 한편 일본계 미국인들은 어떤 패스트푸드점에서 크리스마스 만찬을 즐기는 전통을 만들기 시작했을까?

   a. 맥도날드

   b. 타코벨

   c. 잭인더박스

   d. 케이에프씨

5. 아이슬란드에서는 크리스마스 전 13일 동안, 율 라드들이 착한 아이들의 신발에 선물을 넣어준다. 못된 아이들에게는 어떤 선물을 줄까?

   a. 석탄

   b. 상한 감자

   c. 새 모이

   d. 녹은 초콜릿

6. 워싱턴 DC에서는 하누카 기간 8일 동안 밤마다 9미터 높이의 메노라(촛대)에 한 개씩 불을 밝힌다. 이 촛대는 어디에 있을까?

   a. 링컨 기념관 앞   b. P 스트리트

   c. 백악관 앞   d. 듀퐁 서클

7. 베네수엘라 카라카스에서는 신도들이 어떤 특이한 탈것을 이용해 크리스마스 미사에 참석할까?

   a. 스케이트보드

   b. 수레

   c. 인라인스케이트

   d. 2인용 자전거

8. 박싱데이(12월 26일)부터 1월 1일까지, 콴자 기간에는 하루에 한 가지 원칙을 정해 아프리카계 미국인의 문화를 기념한다. 다음 중에서 이 원칙에 속하지 않는 것은?

   a. 니아(목적)

   b. 우지마(협력과 책임)

   c. 쿠움바(창의력)

   d. 차쿨라(음식)

9. '작은 촛불의 날'은 겨울 휴가 시기의 시작을 알리는 날로, 모두가 최고의 크리스마스 장식을 만들기 위해 경쟁한다. 어느 나라에서 기념하는 날일까?

   a. 브라질

   b. 콜롬비아

   c. 칠레

   d. 페루

10. 12월 13일은 세인트루시아 데이로, 어린 소녀들이 루시아 성녀처럼 옷을 입고 (머리에 불타는 초를 꽂은 관을 쓰고) 노래와 커피, 루시아 캣츠라는 간식과 함께 부모님을 깨운다. 이 날을 기념하는 나라는 어디일까?

   a. 세인트루시아

   b. 노르웨이

   c. 룩셈부르크

   d. 스웨덴

예전 이름은…

보기

· 아루바	· 벨리즈	· 체코슬로바키아
· 콩고민주공화국	· 에티오피아	· 인도네시아
· 이란	· 말라위	· 미얀마
· 나미비아	· 스리랑카	· 태국
· 유고슬라비아	· 잠비아	

1. 시암

2. 페르시아

3. 버마

4. 서남아프리카

5. 영국령 온두라스

6. 크로아티아, 코소보, 세르비아 등

7. 네덜란드령 동인도제도

8. 자이르

9. 아비시니아

10. 실론

영화 속 지도자

1. 다음 중에서 미국 대통령에 관한 영화가 아닌 것은?
    a. 닉슨
    b. 링컨
    c. JFK
    d. 후버

2. 게리 올드먼이 〈다키스트 아워〉에서 연기해 오스카상을 받은 역할은?
    a. 윈스턴 처칠
    b. 아돌프 히틀러
    c. 레오니드 브레즈네프
    d. 해리 S. 트루먼

3. 〈배리〉에서는 버락 오바마의 대학 시절을 엿볼 수 있다. 이 대학교는 어디일까?
    a. 콜롬비아
    b. 예일
    c. 프린스턴
    d. 하버드

4. 영화에서 아르헨티나의 혁명가 체 게바라 역할을 맡지 않은 배우는?
    a. 가엘 가르시아 베르날
    b. 라울 줄리아
    c. 오마 샤리프
    d. 안토니오 반데라스

5. 〈철의 여인〉에서 메릴 스트립은 누구를 연기할까?
    a. 앙겔라 메르켈
    b. 메리 로빈슨
    c. 에바 코파츠
    d. 마거릿 대처

6. 〈어 우먼 콜드 골다〉에서 주연 여배우는 이스라엘의 정치가 골다 메이어를 연기해 골든글로브상과 에미상을 수상했지만, 안타깝게도 모두 사후에 주어졌다. 이 여배우는 누구일까?

a. 그레이스 켈리

b. 잉그리드 버그만

c. 이사벨라 로셀리니

d. 킴 노박

7. 2018년 다큐멘터리 〈고르바초프를 만나다〉를 제작하기 위해 고르바초프와 직접 인터뷰를 진행한 유명 감독은 누구일까?

a. 스티븐 스필버그

b. 쿠엔틴 타란티노

c. 베르너 헤어조크

d. 제임스 카메론

8. 〈킹스 스피치〉에서 콜린 퍼스는 말을 더듬는 버릇이 있는 어떤 왕으로 등장했나?

a. 조지 6세

b. 에드워드 5세

c. 제임스 2세

d. 헨리 6세

9. 배우 마이클 쉰은 세 편의 다른 영화에서 같은 총리 역할을 맡았다. 누구일까?

a. 토니 블레어

b. 윈스턴 처칠

c. 존 메이저

d. 데이비드 캐머런

10. 〈라스트 킹〉에서 중심인물은 잔인한 지도자의 주치의인 허구의 인물 니콜라스 개리건이다. 포레스트 휘테커가 연기하는 잔인한 지도자는 누구일까?

a. 아돌프 히틀러

b. 베니토 무솔리니

c. 이디 아민

d. 이오시프 스탈린

동부 13주 식민지

순서에 맞게 배열해보자.

건설 시기 (빠른 순서대로)

· 코네티컷   · 조지아
· 뉴햄프셔   · 노스캐롤라이나
· 펜실베이니아   · 버지니아

면적 (작은 곳부터)

· 델라웨어   · 뉴저지
· 뉴욕   · 로드아일랜드
· 사우스캐롤라이나 · 버지니아

2019년 인구 (적은 곳부터)

· 코네티컷   · 뉴저지
· 뉴욕   · 노스캐롤라이나
· 펜실베이니아   · 버지니아

1. 그리스 신화와 로마 신화에서 유사한 신으로 짝지어진 쌍이 아닌 것은?
    a. 제우스/주피터
    b. 포세이돈/넵튠
    c. 아폴로/머큐리
    d. 아르테미스/디아나

2. 베를 잘 짜는 아라크네는 자신이 아테나와 동등하다고 생각했다. 그 결과 아테나는 그녀를 무엇으로 변하게 했을까?
    a. 베틀
    b. 거미
    c. 양
    d. 고슴도치

3. 『해리포터』에서 해그리드는 그리스 사람에게 플러피를 산다. 플러피는 확실히 케르베로스에서 영감을 얻은 동물이다. 플러피와 케르베로스는 공통적으로 어떤 동물인가?
    a. 거대한 뱀
    b. 반인반마
    c. 머리가 셋 달린 개
    d. 맹금류

4. 신과 인간 사이에 낳은 자식은 무엇이라고 부를까?
    a. 준신
    b. 혼혈
    c. 머드블러드
    d. 반신반인

5. 저승의 신 하데스의 두 형제는 누구일까?
    a. 아레스와 아폴로
    b. 포세이돈과 제우스
    c. 헤르메스와 헬리오스
    d. 헤라클레스와 오디세우스

6. 아프로디테와 페르세포네 사이에서 갈등을 일으켜, 제우스가 1년 중에 기간을 공평하게 나누어 둘을 방문하도록 중재하게 만든 신은?

   a. 아폴로

   b. 헤르메스

   c. 아도니스

   d. 안키세스

7. 그리스 신들의 회의가 열리는 곳은?

   a. 아테네

   b. 파르테논 신전

   c. 올림푸스 산

   d. 크레타 섬

8. 사이렌의 노래에 귀를 기울이는 선원들은 어떻게 될까?

   a. 포도주와 식사를 대접받는다.

   b. 유혹당한다.

   c. 스스로 사이렌이 된다.

   d. 죽는다.

9. 질투심 많은 아테나가 창조한 고르곤인 메두사를 영원히 죽게 만드는 것은 누구일까?

   a. 오르페우스

   b. 페르세우스

   c. 아크리시오스

   d. 폴리데크테스

10. 사냥의 여신 아르테미스와 쌍둥이 남매 사이인 신은 누구인가?

   a. 아폴로

   b. 아레스

   c. 아테나

   d. 디오니소스

유명한 헤드라인

각 목록의 헤드라인을 해당 사건이 일어난 순서대로 배열해보자.

목록 1

· '모두 익사, 868명만 살아남아'
· '일 하와이 폭격'
· '세계대전은 끝났다'
· '아인슈타인 박사 사망하다'
· '해군, 태평양서 아멜리아 추적 실패'
· '베를린 함락되자 괴벨스 자살'

목록 2

· '브라운 대 교육위원회 판결 〈분리하되 평등하게〉 원칙에 종지부'
· '윈스턴 처칠경 사망하다'
· '히로시마 초토화'
· '마틴 킹 총격으로 사망'
· '악몽의 화요일'
· '닉슨 하야'

목록 3

· '금주법 마침내 종료!'
· '인간이 달을 걷다'
· '링컨 피격'
· '지진과 화재: 폐허된 샌프란시스코'
· '케네디 암살'
· '치명적 질병 에이즈 발견'

목록 4

· '루이스 브라운을 만나다, 최초의 시험관 아기 탄생'

· '로큰롤의 왕 엘비스, 42세를 일기로 사망'

· '넬슨 만델라 석방'

· '다이애나 사망'

· '버락 오바마 대통령 선출'

· '테러리스트, 뉴욕과 펜타곤 공격'

급박한 사건

1. 1929년 주식시장 폭락은 어떤 결과를 가져왔을까?

    a. 대공황

    b. 제1차 세계대전

    c. 암흑기

    d. 인덱스펀드 도입

2. 오스트리아-헝가리제국의 프란츠 페르디난트대공 암살은 어떤 사건을 불러왔을까?

    a. 제2차 세계대전

    b. 홀로코스트

    c. 제1차 세계대전

    d. 프랑스 혁명

3. 미국의 산업혁명은 1790년, 샘 슬레이터가 처음으로 이것을 열면서 시작되었다. 무엇일까?

    a. 인쇄기

    b. 조립 라인

    c. 방직공장

    d. 위스키 증류소

4. 제2차 세계대전을 촉발한 사건은?

    a. 일본의 진주만 공습

    b. 홀로코스트

    c. 독일의 폴란드 침공

    d. 윈스턴 처칠의 죽음

5. 1970년대 컴퓨터의 등장으로 현 시대에 붙여진 이름이 아닌 것은?

    a. 디지털 시대

    b. 스크린 시대

    c. 정보화 시대

    d. 뉴미디어 시대

6. 중세의 종말과 함께 찾아온 르네상스는 이탈리아의 어느 도시에서 시작되었을까?

a. 로마

b. 나폴리

c. 베니스

d. 플로렌스

7. 미국이 1990년 제1차 걸프전쟁에 돌입하게 된 원인은?

a. 이라크의 쿠웨이트 침공

b. 알카에다의 세계무역센터 공격

c. 이라크의 미국 석유 공급 거부

d. 이란의 협조 요청

8. 소위 제4물결 페미니즘을 촉발한 계기는?

a. 미셸 오바마

b. 뉴미디어 플랫폼

c. 도널드 트럼프에 대한 반발

d. 로 대 웨이드 판결에 대한 우려

9. 20세기, 미국과 옛 소련 사이에 우주 경쟁이 촉발된 계기는?

a. 척 예거의 음속 돌파

b. NASA의 유인 우주 비행 계획 발표

c. 스푸트니크 1호 발사

d. 스푸트니크 2호 발사

10. LGBT(성소수자) 인권 운동을 촉발한 것으로 널리 인정받는 사건은?

a. 미국 정부의 프랭크 카메니 해고

b. 최초의 결혼평등법안 주의회 통과

c. 셰어 오스카상 수상

d. 경찰의 뉴욕 스톤월 인 급습

지구의 어디에서?

1. 루드비히 2세가 건축한 독일의 노이슈반슈타인 성은 이곳에서 볼 수 있는 유명한 성에 영감을 주었다.

2. 이곳에서 미국 헌법과 독립선언문이 작성되었다.

3. 약 5000년이 지난 지금도 우리는 이집트인들이 어떻게 이 구조물을 지었는지 모른다.

4. 잉글랜드 솔즈베리 근처에는 5000년의 역사를 가진 미스터리가 존재한다.

5. 줄리어스 시저의 발자취를 따라 걷고 검투사들이 대결했던 곳에 설 수 있는 유적지 두 곳은 어디일까?

6. 아테나에게 바친 이 신전은 어찌된 영문인지 아직까지 그 자리에 서 있다.

7. 길게 뻗어 있는 이 명소는 우주에서 볼 수 있다. 하지만 우주까지 갈 필요는 없다. 직접 갈 수 있으니까!

8. 1600년대에 샤 자한 황제는 아내를 추모하며 인도 아그라에 이 특별한 순백의 대리석 묘지를 지었다.

9. 이 고대 잉카 도시의 유적지는 산꼭대기에 있다.

10. 캄보디아의 이 고대도시에는 크메르제국의 사원이 아직 남아 있다.

제국과 왕조

1. 만리장성은 어느 왕조에서 완성되었나?

    a. 당

    b. 송

    c. 원

    d. 명

2. 왕조에 대한 설명 중에서 제국에는 적절하지 않은 것은?

    a. 왕조는 한 가문의 통치자들로 구성된다.

    b. 왕조는 넓은 영토를 통치한다.

    c. 왕조의 지도자는 한 명이다.

    d. '다이너스티'는 TV 프로그램의 제목이다.

3. 콘스탄티노플 함락 이후 오스만제국은 주로 어느 지역으로 이루어진 영토를 지배했을까?

    a. 페르시아

    b. 터키

    c. 벨기에

    d. 잉글랜드

4. 중국에서 나침반과 화약을 발명한 것은 어느 왕조 때였을까?

    a. 송

    b. 주

    c. 진

    d. 수

5. 로마제국에 속한 적이 없는 현대의 지역은?

    a. 그리스

    b. 헝가리

    c. 스위스

    d. 스웨덴

6. 시황제는 어느 왕조 시대에 중국 최초의 황제가 되었을까?

   a. 수

   b. 상

   c. 진

   d. 하

7. 브라질제국이 포르투갈 식민제국의 본거지가 되었을 때, 누가 브라질 최초의 황제가 되었을까?

   a. 주앙 6세

   b. 페드루 1세

   c. 페드루 2세

   d. 마리아 2세

8. 다음 중 중국에서 가장 오랜 기간 통치한 왕조는?

   a. 한

   b. 주

   c. 하

   d. 상

9. 무함마드를 계승하여 이슬람제국을 통솔하는 네 명의 칼리프에 속하지 않는 사람은?

   a. 우마르

   b. 오스만

   c. 알리

   d. 아흐메드

10. 포에니전쟁에서 로마와 경쟁했던 아프리카제국은 어디일까?

   a. 송하이

   b. 말리

   c. 카르타고

   d. 쿠시

그때 대통령이 누구?

1. 세계무역센터가 무너졌을 때?
    a. 조지 H. W. 부시
    b. 조지 W. 부시
    c. 버락 오바마
    d. 빌 클린턴

2. 일본이 진주만을 공격했을 때?
    a. 프랭클린 델러노 루스벨트
    b. 해리 트루먼
    c. 시어도어 루스벨트
    d. 드와이트 D. 아이젠하워

3. 베를린장벽이 무너졌을 때?
    a. 지미 카터
    b. 빌 클린턴
    c. 조지 H. W. 부시
    d. 로널드 레이건

4. 자유의 여신상이 봉헌되었을 때?
    a. 체스터 A. 아서
    b. 벤저민 해리슨
    c. 그로버 클리블랜드
    d. 러더포드 B. 헤이스

5. 처음으로 인간이 달 위를 걸었을 때?
    a. 리처드 닉슨
    b. 존 F. 케네디
    c. 린든 B. 존슨
    d. 제럴드 포드

6. 나폴레옹이 스스로 프랑스 황제에 즉위했을 때?

　　a. 조지 워싱턴

　　b. 존 애덤스

　　c. 토머스 제퍼슨

　　d. 제임스 매디슨

7. 라이트 형제가 키티호크에서 첫 비행을 했을 때?

　　a. 우드로 윌슨

　　b. 윌리엄 매킨리

　　c. 윌리엄 하워드 태프트

　　d. 시어도어 루스벨트

8. 미국 최초의 대륙횡단 철도에 황금 못을 박았을 때?

　　a. 러더포드 B. 헤이스

　　b. 율리시스 S. 그랜트

　　c. 에이브러햄 링컨

　　d. 앤드루 존슨

9. 첫 항해에 나선 타이태닉호가 침몰했을 때?

　　a. 윌리엄 하워드 태프트

　　b. 시어도어 루스벨트

　　c. 우드로 윌슨

　　d. 캘빈 쿨리지

10. 도널드 트럼프가 태어났을 때?

　　a. 허버트 후버

　　b. 프랭클린 델러노 루스벨트

　　c. 해리 S. 트루먼

　　d. 드와이트 D. 아이젠하워

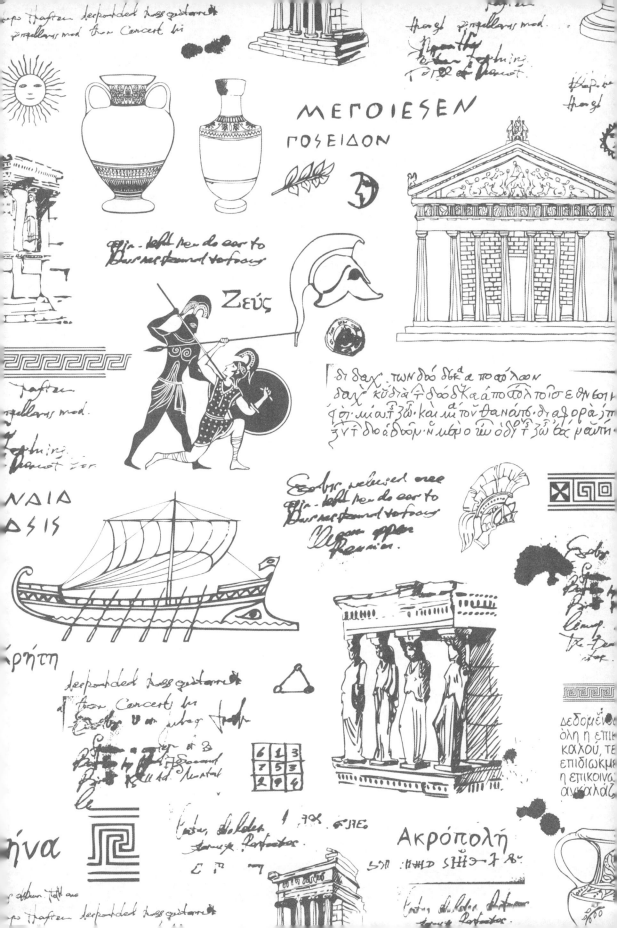

2장

예술과 문학

아동문학의 고전

1. 오랫동안 사랑받아온 모리스 센닥의 작품에서 '괴물들의 왕'으로 칭송받는 것은 누구인가?

2. 불과 130단어로 쓴 마거릿 와이즈 브라운의 이 고전 작품은 70년 이상을 사랑받았다.

3. 닥터 수스는 제공된 어휘 목록에서 50단어 이하의 단어를 사용하라는 도전을 받아들인 후에 이 고전을 집필했다.

4. 이 여주인공은 73년에 걸쳐 175개의 미스터리를 헤쳐왔다.

5. 『포키 리틀 퍼피The Poky Little Puppy』가 포함된 이 인기 시리즈는 지금도 여전히 1942년에 처음 출시되었을 때와 같은 모습이다.

6. 1913년에 출간된 이 작품의 주인공은 지치지 않는 낙천주의와 동의어가 되었다.

7. 1940년 한스 아우구스토 레이와 마거릿 레이가 자전거를 타고 파리로 떠났을 때, 부부가 챙겨간 원고는 무엇이었을까? 그 원고가 고전 시리즈의 첫 번째 책이 되었다.

8. 『내 친구 꼬마 거인』의 작가는 배우 패트리샤 닐과 30년 동안 결혼 생활을 했다.

9. 이 작가는 시리즈의 아홉 번째 작품으로 추정되는 『초원의 집 9: 처음 4년간』을 집필했다. 이 책은 사후인 1971년 편집 없이 출간되었다.

10. 빅토리아 칸은 2006년에 특정한 색에 집착하는 이 주인공이 등장하는 책을 쓰기 시작했다.

2장 문제의 정답은 279쪽부터 차례대로 찾을 수 있다.

멋진 밤 외출

1. 오페라는 어느 나라에서 유래되었을까?

    a. 오스트리아

    b. 이탈리아

    c. 프랑스

    d. 보헤미아

2. 거의 모든 발레단에게 〈호두까기 인형〉과 〈백조의 호수〉는 흥행 보증수표다. 이 고전 발레 작품의 음악을 작곡한 사람은?

    a. 볼프강 아마데우스 모차르트

    b. 조아키노 로시니

    c. 표트르 일리치 차이코프스키

    d. 조지 거슈윈

3. 오페라에서 '바지 역할'이란 무엇을 의미할까?

    a. 여성이 연기하는 젊은 남성 등장인물

    b. 보통 가장 낮은 목소리로 작곡된 가부장적 인물

    c. 합창단원에게 주어지는 여러 단역으로 의상을 여러 번 갈아입어야 하는 역할

    d. 작품의 연출자를 일컫는 은어

4. 주로 무릎을 굽히는 동작을 나타내는 발레 용어는?

    a. 제테

    b. 피루엣

    c. 플리에

    d. 푸에테

5. 파리에서 작품이 제작되기를 간절히 바라는 19세기 오페라 작곡가라면, 작품에 어떤 요소를 꼭 넣어야 할까?

    a. 관객이 따라 부를 수 있는 대중적인 곡

    b. 반프로테스탄트 정서

    c. 재즈 형식의 아리아

    d. 발레를 위한 간주곡

6. 뉴욕 메트로폴리탄 오페라가 140년의 역사에서 가장 자주 공연한 오페라는?

    a. 라보엠(푸치니)

    b. 아이다(베르디)

    c. 카르멘(비제)

    d. 세비야의 이발사(로시니)

7. 메트로폴리탄 오페라는 1903년 이후 처음으로 2016~2017년 시즌에 이 일을 했다. 무엇일까?

    a. 주요 아리아에서 고음을 내지 못한다는 이유로 주연 테너를 해고했다.

    b. 입장권 가격을 낮췄다.

    c. 아이다 공연에 살아 있는 코끼리를 등장시켰다.

    d. 여성이 작곡한 오페라를 공연했다.

8. 셰익스피어는 오페라의 역사 전반에 걸쳐 작곡가들에게 영감을 주었다. 오늘날에도 정기적으로 공연되는 가장 많은 오페라에 등장하는 셰익스피어 작품의 인물은?

    a. 팔스타프

    b. 오셀로

    c. 레이디 맥베스

    d. 퍽

9. 20년 역사의 이 영향력 있는 발레단은 드뷔시와 스트라빈스키에게 음악을, 니진스키와 발란신에게 안무를, 피카소에게 무대 디자인을, 코코 샤넬에게 의상을 의뢰했다.

    a. 볼쇼이 발레단

    b. 프라하 국립 발레단

    c. 레덩스포브

    d. 발레 뤼스

10. '수축과 이완'을 기본 원리로 도입한 무용으로 유명한 20세기의 안무가는?

    a. 바슬라프 니진스키

    b. 조지 발란신

    c. 마사 그레이엄

    d. 마크 모리스

어떤 말이든…

주어진 순서에 맞게 언어를 찾아보자.

'개' (프랑스어, 이탈리아어, 포르투갈어, 루마니아어, 스페인어)

· cachorro

· chien

· câine

· cane

· perro

'(헤어질 때) 안녕' (보스니아어, 네덜란드어, 핀란드어, 아이슬란드어, 폴란드어)

· bless

· zbogom

· hyvästi

· vaarwel

· do widzenia

'아름다운' (바스크어, 덴마크어, 헝가리어, 노르웨이어, 러시아어)

· eder

· vakker

· krasivaya

· szép

· smuk

'나는 너를 사랑해' (아프리카어, 말레이어, 스와힐리어, 소말리어, 줄루어)

· Waan ku jeclahay

· Ek het jou lief

· Nakupenda

· Saya sayang awak

· Ngiyakuthanda

브로드웨이의 전설

1. 2003년에 초연한 이 작품은 〈오즈의 마법사〉의 전편으로 스티븐 슈워츠의 브로드웨이 최장수 흥행작이다.

2. 토니상 후보에 10회 지명되고, 2회 수상했으며 평생공로상을 수상한 이 여배우는 〈웨스트 사이드 스토리〉의 첫 공연작에 아니타 역할로 출연한 후 브로드웨이 스타가 되었다.

3. 이 작곡가는 〈숲속으로〉와 〈스위니 토드〉로 수상한 것을 비롯하여 그 어떤 작곡가보다 더 많은 토니상을 받았다.

4. 이 듀오는 〈오클라호마!〉, 〈사운드 오브 뮤직〉, 〈회전목마〉, 〈왕과 나〉 등으로 뮤지컬의 황금기를 열었다.

5. 영화와 TV 드라마에서도 활약하는 이 배우는 토니상을 3회 수상했으며, 최근에는 〈엔젤스 인 아메리카〉의 로이 콘 역할로 수상했다.

6. 토니상을 2회 수상한 이 여배우는 1973년 〈세 자매〉로 브로드웨이에 데뷔했고, 2017년에는 〈워 페인트〉에서 헬레나 루빈스타인 역할을 맡았다.

7. 안젤라 랜즈베리는 토니상을 다섯 번 거머쥐었고, 80년에 이르는 인상적인 무대 경력을 쌓았다. 하지만 많은 사람에게 그녀는 12시즌 동안 출연한 TV 시리즈의 주인공으로 기억된다. 어떤 작품일까?

8. 1973년 그는 에미상, 오스카상, 두 개의 토니상(연출상과 〈피핀〉으로 안무상, 다른 작품으로 안무상을 7회 더 받았음)을 수상했다. 2019년에는 이 사람과 그의 세 번째 아내 이야기를 다룬 미니시리즈를 FX채널에서 방영했다.

9. 영화 〈인어공주〉와 〈알라딘〉의 주제가로 디즈니의 전설이 된 이 작곡가는 오스카상을 여덟 번이나 받았지만, 토니상은 〈뉴시즈〉로 단 한 차례 수상했다.

10. 1970년에 태어난 이 여배우는 이전까지는 유례가 없었던 토니상 6회 수상 기록을 세웠다.

성서 이야기

1. 욥기에서 욥은 왜 재산과 건강과 자식들을 잃었을까?

    a. 하나님에게 그를 시험해보라고 했다.

    b. 아내가 그를 배신했다.

    c. 그가 아내를 배신했다.

    d. 사탄이 하나님을 부추겨 욥의 경건함을 시험해보게 했다.

2. 성서에 나오는 다음 인물 중에서 죽은 자를 되살리지 못한 사람은?

    a. 요셉

    b. 엘리야

    c. 예수

    d. 베드로

3. 창세기 1장에 따르면 처음으로 생명이 나타난 날은 언제일까?

    a. 셋째날

    b. 넷째날

    c. 다섯째날

    d. 여섯째날

4. 예수 외에 물 위를 걸은 사람은 누구일까?

    a. 고래가 뱉어낸 요나

    b. 젊은 시절 뱀을 피하던 모세

    c. 예수를 향해 걸어가던 나사로의 누이 마리아

    d. 무슨 일이 일어나는지 의심하자마자 가라앉은 베드로

5. 성서 집필에 사용된 고대어가 아닌 것은?

    a. 아람어

    b. 그리스어

    c. 이집트어

    d. 히브리어

6. 출애굽기에서 하나님이 모세에게 일렀던 바에 따르면, 다음 중에서 사형에 처할 수 있는 죄는?

    a. 결혼을 서약하지 않은 처녀를 유혹한 죄

    b. 소나 양을 훔친 죄

    c. 거짓 증언을 퍼뜨린 죄

    d. 어머니나 아버지를 저주한 죄

7. 이스라엘과 유다 왕국의 세 왕은 누구일까?

    a. 야곱, 사무엘, 다윗

    b. 다윗, 압살롬, 솔로몬

    c. 사울, 다윗, 솔로몬

    d. 다윗, 솔로몬, 나단

8. 본디오 빌라도의 아내는 마태복음의 한 절에서 한 번 등장하지만, 성서 전체에서 유일하게…

    a. 반려동물을 기르는 여성이다.

    b. 꾸었던 꿈 이야기를 하는 여성이다.

    c. 사람들 앞에서 노래를 부르는 여성이다.

    d. 달리는 모습으로 묘사되는 여성이다.

9. 성서에서 유일하게 하나님이 직접 묻어주는 사람은 누구일까?

    a. 아벨

    b. 아브라함

    c. 모세

    d. 엘리야

10. 다음 비유 중에서 셋은 성서에서 나온 표현이고, 하나는 셰익스피어 작품에서 나온 것이다. 셰익스피어의 비유는 무엇일까?

    a. vanish into thin air (흔적도 없이 사라지다)

    b. by the skin of one's teeth (가까스로)

    c. a drop in the bucket (새 발의 피)

    d. the ends of the earth (세상 끝)

셰익스피어

첫 번째 목록을 제외한, 나머지 세 목록(인용, 남성 조연, 여성 조연)을 다음 순서대로 배열해보자: 〈햄릿〉, 〈리어왕〉, 〈맥베스〉, 〈한여름 밤의 꿈〉, 〈오셀로〉, 〈리처드 3세〉

집필 시기 (먼저 집필된 순서대로)

- 햄릿
- 리어왕
- 한여름 밤의 꿈
- 오셀로
- 리처드 3세
- 맥베스

인용

- '뱀의 이빨보다 더 날카로운 것이 감사할 줄 모르는 아이를 갖는 것이야!'
- '진정한 사랑의 길은 결코 순탄하지 않구나.'
- '약한 자여, 그대 이름은 여자로구나.'
- '지금은 우리에게 불만의 겨울'
- '나는 현명하게 사랑하지 못했지만, 너무나 잘 사랑한 사람'
- '무언가 사악한 것이 이쪽으로 온다.'

남성 조연

- 버킹엄
- 호레이쇼
- 뱅쿼
- 글로스터 백작
- 이아고
- 피터 퀸스

여성 조연

- 헬레나
- 고네릴
- 앤
- 거트루드
- 세 마녀
- 에밀리아

퓰리처 수상작

1. 뮤지컬 수상작은 드문 가운데, 린-마누엘 미란다는 2016년에 신기록을 수립한 이 힙합 쇼로 상을 거머쥐었다.

2. 그로버스코너스를 배경으로 한 1938년 수상작은 오늘날에도 정기적으로 공연되고 있다.

3. 아서 밀러는 윌리 로만의 이 비극적 이야기로 1949년 수상했다.

4. 데이비드 마메트의 1984년 수상작이 영화로 제작되었을 때 "커피는 일을 마무리한 사람만 마시는 거야"라는 대사가 추가되었다.

5. 이 작가는 〈피츠버그 연대기〉의 두 작품으로 1987년과 1990년 두 번에 걸쳐 퓰리처상을 수상했다.

6. 마샤 노먼의 1983년 수상작은 동명의 영화로 만들어져 씨씨 스페이식과 앤 밴크로프트가 출연했다.

7. 1993년의 의미 있는 이 작품은 최근에 앤드루 가필드 주연으로 브로드웨이 무대에서 부활했다.

8. 퓰리처상 드라마 부문에서는 15회나 특이한 결과가 나왔다. 어떤 결과일까?

9. 린 노티지의 2017년 수상작은 펜실베이니아 리딩의 시민들을 대상으로 한 인터뷰와 조사 결과에 바탕을 둔 노동계급 드라마다.

10. 퓰리처상을 두 번 수상한 극작가는 2명이고, 세 번 수상한 작가도 있지만, 유일하게 이 작가만 1920년과 1922년, 1928년, 1957년 네 번 수상했다.

클래식 작곡가

1. 다음 중 춤곡은?

    a. 소나타

    b. 푸가

    c. 레퀴엠

    d. 미뉴에트

2. 모차르트, 베토벤, 슈베르트, 브람스가 작곡가로서 성숙한 시기를 보낸 도시는?

    a. 프라하

    b. 베를린

    c. 비엔나

    d. 파리

3. 현악4중주는 거의 언제나 다음과 같이 구성된다.

    a. 바이올린 2, 비올라, 첼로

    b. 피아노, 바이올린, 비올라, 첼로

    c. 피아노, 바이올린 2, 첼로

    d. 바이올린, 비올라, 첼로, 더블베이스

4. 음악가의 아들이 아닌 작곡가는?

    a. 요한 세바스티안 바흐

    b. 프란츠 요제프 하이든

    c. 볼프강 아마데우스 모차르트

    d. 루드비히 반 베토벤

5. 마흔 살 넘게 생존한 작곡가는?

    a. 볼프강 아마데우스 모차르트

    b. 펠릭스 멘델스존

    c. 로베르트 슈만

    d. 조지 거슈윈

6. 하이든의 교향곡 96번에는 '기적'이라는 별명이 붙었다. 여기서 기적이 뜻하는 것은?

    a. 하이든의 자녀가 이 곡을 작곡하는 동안 심각한 질병에서 살아남았다.

    b. 4악장 모두 같은 주제를 사용한다.

    c. 교향곡이 첫선을 보인 날 밤, 침입한 오스만 군대를 비엔나 외곽 80마일 지점에서 격퇴했다.

    d. 관객은 교향곡의 첫 공연에 박수를 보내려고 서둘러 무대로 달려간 덕분에, 떨어지는 샹들리에에 깔리는 사고를 피할 수 있었다.

7. 나디아 불랑제는 프랑스 작곡가이자 지휘자였으며 1921년부터 1979년 92세를 일기로 사망할 때까지 미국에서 교수 생활을 했다. 다음 미국 작곡가 중에서 그녀의 학생이 아닌 사람은?

    a. 레너드 번스타인   b. 아론 코플랜드

    c. 필립 글래스   d. 퀸시 존스

8. 연주자가 다음 부분이나 다음 악장까지 멈추지 않고 계속해야 한다는 의미의 음악 용어는?

    a. 아타카attacca

    b. 피치카토pizzicato

    c. 셈프레 피우 모소sempre più mosso

    d. 콘 소르디노con sordino

9. "사람들이 왜 새로운 생각을 두려워하는지 모르겠다. 나는 오래된 생각이 두렵다"라고 말한 사람은 누구일까?

    a. 루드비히 반 베토벤

    b. 헥토르 베를리오즈

    c. 이고르 스트라빈스키

    d. 존 케이지

10. 19세기 작곡가 중에서 피아노곡을 많이 작곡하지 않은 사람은?

    a. 프레데리크 쇼팽

    b. 로베르트 슈만

    c. 프란츠 리스트

    d. 리하르트 바그너

청소년 인기도서

각 작가의 인기 시리즈를 순서대로 배열해보자.

J. K. 롤링

『해리포터와 불의 잔』

『해리포터와 비밀의 방』

『해리포터와 죽음의 성물』

『해리포터와 혼혈왕자』

『해리포터와 마법사의 돌』

『해리포터와 불사조 기사단』

『해리포터와 아즈카반의 죄수』

조지 R. R. 마틴

『까마귀의 향연』

『드래곤과의 춤』

『왕들의 전쟁』

『검의 폭풍』

『왕좌의 게임』

스테프니 메이어

『이클립스』

『브레이킹 던』

『트와일라잇』

『뉴문』

제임스 대시너

『킬 오더』

『메이즈 러너』

『스코치 트라이얼』

『데스 큐어』

『피버 코드』

로라 잉걸스 와일더

『초원의 집: 큰 숲속에 있는 작은 집』

『초원의 집: 플럼 시냇가』

『초원의 집: 처음 4년간』

『초원의 집: 대초원의 작은 마을』

『초원의 집: 대초원의 작은 집』

『초원의 집: 눈부시게 행복한 시절』

『초원의 집: 기나긴 겨울』

『초원의 집: 실버 호숫가』

『초원의 집: 소년 농부』

릭 라이어던

『퍼시 잭슨과 올림포스의 신: 괴물들의 바다』

『퍼시 잭슨과 올림포스의 신: 번개도둑』

『퍼시 잭슨과 올림포스의 신: 미궁의 비밀』

『퍼시 잭슨과 올림포스의 신: 티탄의 저주』

『퍼시 잭슨과 올림포스의 신: 진정한 영웅』

캐롤린 킨

『낸시드류: 라일락 인 미스터리』   『낸시드류: 섀도 랜치』

『낸시드류: 시크릿 오브 올드 클락』   『낸시드류: 레드 게이트 팜』

『낸시드류: 히든 스테어케이스』   『낸시드류: 방갈로 미스터리』

『낸시드류: 클루 인 더 다이어리』

누가 말했을까?

1. '내가 당신을 어떻게 사랑할까요? 내가 한번 그 길을 헤아려볼게요.' 다들 들어본 적은 있을 것이다. 하지만 누가 썼을까?

2. '내가 그대를 여름날에 견주어볼까?' 혹은 이 사람이 쓴 153편의 다른 소네트에 견주어볼까?

3. '숲 속에 두 갈래 길이 있네, 그리고 나는/ 사람들이 덜 지나간 길을 택했네,/ 그리고 그것이 모든 것을 달라지게 했지.' 종종 오해를 받곤 하는 이 시는 누가 썼을까?

4. 조이스 킬머의 시에서 화자는 이렇게 한탄한다. '나는 결코 볼 수 없을 것 같다.' 무엇과 같이 '사랑스러운 시'를?

5. 새뮤얼 콜리지의 '물, 물, 어디든, 한 방울 마실 물도 없다'라는 표현은 가뭄 보도에 쓰였지만, 원래 어떤 시에 있는 문장일까?

6. '음울한 한밤중에, 내가 힘없이 지쳐 생각에 빠졌을 때'라고 시작하는 에드거 앨런 포의 유명한 시는 무엇일까?

7. 이 명령은 딜런 토머스의 가장 유명한 작품의 제목이자 첫 줄이다.

8. 에밀리 디킨슨은 무엇 때문에 멈출 수가 없다고 썼다. 그러자 '그가 친절하게도 나를 위해 멈추었다'라고?

9. '사랑하고 잃는 편이 낫지/ 전혀 사랑하지 않은 것보다'는 연인을 잃은 상황을 가리키는 것이 아니라, 이 헌사를 쓴 이 시인의 친구 아서 헨리 핼럼을 추모하는 것이다.

10. '장미는 장미이며 장미이고 장미다'는 익숙하지 않은 시의 익숙한 구절이다. 스콧 피츠제럴드, 파블로 피카소, 에즈라 파운드와 동시대인인 이 페미니스트가 쓴 〈성스러운 에밀리〉의 한 부분이다.

예술의 도구

1. 사람들은 적어도 35,000년 동안 음악을 연주해왔다. 독일 동굴에서 백조 뼈나 매머드의 상아로 만든 이 악기의 선사시대 형태가 발견되는 것을 보면 알 수 있다.

a. 변형된 항아리 b. 실로폰

c. 캐스터네츠 d. 플루트

2. 인도에서 온 이 음악가는 매혹된 관중에게 시타르를 연주해주려고 우드스톡 페스티벌에 참가했다.

a. 라지브 나르단

b. 애쉬윈 바티쉬

c. 조지 해리슨

d. 라비 샹카르

3. 지미 핸드릭스, 커트 코베인, 저스틴 비버의 공통점은?

a. 팔다리 중 하나가 부러진 상태에서 회복하는 동안 밴드에서 노래를 배웠다.

b. 첫 악기는 아코디언이었다.

c. 기타를 거꾸로 연주했다.

d. 윌리 딕슨의 업라이트 베이스를 연이어 소유했다.

4. 이 트럼펫의 거장은 1920년대부터 이후까지 뉴올리언스, 시카고, 할렘을 환히 밝혔다. 그의 별명으로는 팝스, 새취모 등이 있다.

a. 디지 길레스피

b. 루이 암스트롱

c. 닥 치텀

d. 핫 립스 페이지

5. 이 일렉트릭기타리스트는 1978년 '이럽션'에서 양손으로 기타를 두드리는 주법으로 록의 세계를 열광시켰다.

a. 에디 반 헤일런

b. 에릭 클랩튼

c. 지미 페이지

d. 카를로스 산타나

6. 구약에서 다윗왕은 이 악기와 거의 비슷한 악기를 연주했다.

   a. 플루트

   b. 오보에

   c. 리라

   d. 탬버린

7. 다음 유명인 중에서 우쿨렐레를 연주한 적 없는 사람은?

   a. 드웨인 존슨

   b. 재클린 케네디 오나시스

   c. 닐 암스트롱

   d. 워런 버핏

8. 미국 대통령과 연주한 악기가 잘못 짝지어진 것은?

   a. 지미 카터/ 기타

   b. 체스터 A. 아서/ 밴조

   c. 리처드 닉슨/ 피아노

   d. 빌 클린턴/ 색소폰

9. 다음 중에서 나머지 셋과 연주한 악기가 다른 재즈 연주자는?

   a. 듀크 엘링턴

   b. 델로니어스 몽크

   c. 존 콜트레인

   d. 카운트 베이시

10. 이 텍사스 피아니스트는 냉전이 극에 달했을 때 모스크바에서 열린 차이코프스키 국제 콩쿠르에서 우승했다. 그가 돌아왔을 때 뉴욕에서 종이 꽃가루를 뿌려주는 퍼레이드가 열렸고, 그는 이런 영광을 경험한 유일한 클래식 음악가가 되었다.

   a. 레너드 번스타인

   b. 반 클리번

   c. 글렌 굴드

   d. 리버라치

미리엄 웹스터 최신판에 등재된 우리의 진화하는 언어

1. '독특하거나 특별하게 취급되는 사람' 그리고 '지나치게 예민한 사람'이라는 뜻이 날씨와 관련된 이 단어의 정의에 추가되었다.

2. EGOT는 예능분야의 네 가지 상을 모두 수상한 사람을 일컫는 말이다. 이 네 가지 상은 무엇일까?

3. 이 단어는 '구매 증거'라는 전통적인 의미에서 확장되어 '무엇이든 뒷받침하는 증거'를 뜻하게 되었다.

4. 2009년에 처음 사용된 이 용어는 노동자에게 점점 증가하는 프리랜서적인 특성을 말한다.

5. 이 색은 두 주요 정당으로 양분된 지역을 은유적으로 표현할 때 사용된다.

6. 〈브레이킹 배드〉의 제시와 월터가 한 회 내내 파리 한 마리와 함께 마약제조 공장에 있는 것은 새로 사전에 등재된 어떤 단어의 예가 될까?

7. 의학적 성별 확인 절차를 나타내는 보편적인 용어 두 가지가 사전을 좀 더 포용적으로 만들었다.

8. 이 단어는 중독성 있는 넷플릭스 프로그램을 묘사할 때 사용할 수 있다.

9. 사전에 새로 오른 이 단어는 앞서 언급한 넷플릭스 프로그램이나 소셜미디어나 중독성 있는 모바일 게임 등, 좀 더 생산적인 활동을 방해하는 대상을 설명할 때 쓸 수 있다.

10. 주키니호박을 국수처럼 만들면 이것을 얻게 된다.

해리포터의 세계

1. 해리와 가장 친한 친구 둘은?
   a. 제임스와 릴리
   b. 해그리드와 헤드위그
   c. 론과 헤르미온느
   d. 크래브와 고일

2. 뱀은 어느 호그와트 기숙사의 상징일까?
   a. 그리핀도르
   b. 후플푸프
   c. 래번클로
   d. 슬리데린

3. 마법의 세계에서 가장 비중 있는 스포츠는 무엇일까?
   a. 퀴디치
   b. 퀘이플 볼
   c. 님부스
   d. 익스플로딩 스냅

4. 『해리포터와 마법사의 돌』에서 해리와 친구들은 마법사의 돌을 구해야만 하는데, 이 돌의 주인은…
   a. 전지전능해진다.
   b. 불멸한다.
   c. 부유해진다.
   d. 투시력이 생긴다.

5. 비밀의 방을 지키는 괴물은 어떤 생명체인가?
   a. 머리가 셋 달린 개
   b. 거대한 거미
   c. 엄청나게 큰 뱀
   d. 용

6. '아즈카반의 죄수'는 누구이고 해리와는 어떤 관계인가?

    a. 킹슬리 샤클볼트, 사촌

    b. 리머스 루핀, 삼촌

    c. 피터 페티그루, 사촌

    d. 시리우스 블랙, 대부

7. 『해리포터와 불의 잔』에서 해리와 함께 트리위저드에서 경쟁하는 호그와트 학생은 누구일까?

    a. 네빌 롱보텀

    b. 세드릭 디고리

    c. 드레이코 말포이

    d. 론 위즐리

8. 볼드모트의 귀환에 맞서기 위해 그리몰드 광장 12번지에서 조직되는 비밀 단체는?

    a. 마법부

    b. 처들리캐논

    c. 불사조 기사단

    d. 덤블도어의 군대

9. 알버스 덤블도어는 교장이 되기 전에 호그와트에서 어떤 과목을 가르쳤을까?

    a. 마법약

    b. 어둠의 마법 방어법

    c. 부적

    d. 변환 마법

10. 볼드모트의 진짜 이름은?

    a. 팀 리드

    b. 톰 리들

    c. 트래비스 롤링스

    d. 트래버 롤링

1. 이 작품은 마거릿 애트우드가 1985년에 출간한 디스토피아 소설로 홀루Hulu 에서 엘리자베스 모스 주연의 시리즈물로 만들어 새로운 관심을 불러일으켰 다.

2. 도나 타트의 2014년 퓰리처상 수상작을 바탕으로 2019년 개봉한 이 작품의 주인공은 예술품 감정가 시어도어 데커다.

3. 문제가 있는 부모와 가난한 가정에서 자란 경험을 담은 지넷 월스의 회고록 을 각색한 2017년 영화에서 브리 라슨과 우디 해럴슨이 주연을 맡았다.

4. 다재다능한 이 작가의 작품은 『약속The Pact』을 필두로 5편이 영화로 만들어 졌다.

5. 스칼렛 요한슨, 크리스 에반스, 로라 리니가 출연하고, 뉴욕시에서 아이를 돌 보는 이야기를 다룬 코미디 드라마 장르의 2007년 개봉 미국 영화는 2002년 출간된 동명의 소설이 원작이다.

6. 캐스린 스토킷의 소설을 2009년 영화로 만든 이 작품에는 비올라 데이비스 와 옥타비아 스펜서가 출연했다.

7. 할레드 호세이니의 첫 작품을 영화로 만들어 오스카 각색상 후보에 올랐지 만, 작품은 논쟁을 불러일으켰고 젊은 아프간인 배우는 살해 협박을 받았다.

8. 오스카상 6개 부문 후보에 오르고, 3개 부문에서 수상한 2015년 작품은 아서 골든의 소설이 원작이다. 소설은 일본에서 가난 때문에 팔려가 게이샤 생활 을 하는 어린 소녀의 이야기를 담고 있다.

9. 리사 제노바의 소설이 흥행하자, 2014년 알렉 볼드윈과 줄리앤 무어 주연의 영화로 각색되었다.

10. 게일 허니맨의 2017년 첫 소설 『엘리너 올리펀트는 완전 괜찮아』는 〈금발이 너무해〉의 주인공을 맡았던 배우가 제작하게 되었다.

위대한 르네상스 유산

1. 르네상스 시대에 로마의 가장 큰 경쟁도시는 어디였을까?

   a. 나폴리

   b. 베네치아

   c. 플로렌스

   d. 제노바

2. 레오나르도 다빈치를 비롯한 르네상스 예술가들은 어떤 방법으로 해부학을 연구했을까?

   a. 수백 명의 누드모델을 고용했다.

   b. 의사들과 함께 지내며 배웠다.

   c. 시신을 해부했다.

   d. '해부학 모임'에서 서로를 만져보았다.

3. 2017년 4억 5천만 달러에 판매되어 역대 최고가를 기록한 그림은 누구의 작품일까?

   a. 폴 세잔

   b. 윌럼 데 쿠닝

   c. 레오나르도 다빈치

   d. 폴 고갱

4. 1508년, 조각을 선호하던 미켈란젤로에게 시스티나 성당의 천장화를 의뢰한 교황은 누구일까?

   a. 레오 10세

   b. 율리우스 2세

   c. 비오 3세

   d. 아드리안 6세

5. 르네상스 예술가들은 '키아로스쿠로' 기법을 발전시켰다. 이 기법은?

   a. 뚜렷한 선을 제거하기 위해 가장자리를 흐리는 것이다.

   b. 명암의 대비를 보여주는 것이다.

   c. 색의 농도를 줄이는 것이다.

   d. 의외의 색을 사용하는 것이다.

6. 르네상스는 단지 예술에만 국한되지 않았다. 이 천문학자가 태양계에서 태양이 중심이 되는 모델을 도입함으로써, 한 세기 동안 지속될 혁명이 그의 이름을 따서 명명되었다.

   a. 코페르니쿠스   b. 갈릴레오

   c. 케플러   d. 브라헤

7. 다음 중에서 르네상스 화가나 닌자거북의 이름이 아닌 것은?

   a. 레오나르도

   b. 라페엘

   c. 빈센트

   d. 미켈란젤로

8. 플로렌스의 세도가였던 메디치가에 관한 것으로 맞지 않는 것은?

   a. 두 명의 여왕을 배출했다.

   b. 네 명의 교황을 배출했다.

   c. '르네상스의 대부'라고 불렸다.

   d. 500년 가까이 통치했다.

9. 다음 르네상스 시기의 사건들을 가장 이른 것부터 시간 순으로 나열해보자.

   다빈치가 〈최후의 만찬〉을 그리다

   단테가 『신곡』을 쓰다

   갈릴레오가 목성의 위성을 발견하다

   미켈란젤로가 다비드 상 작업에 착수하다

   a. 단테, 미켈란젤로, 다빈치, 갈릴레오

   b. 미켈란젤로, 단테, 다빈치, 갈릴레오

   c. 단테, 다빈치, 미켈란젤로, 갈릴레오

   d. 단테, 미켈란젤로, 갈릴레오, 다빈치

10. 셰익스피어의 작중 인물 중에서 니콜로 마키아벨리의 『군주론』에서 영감을 받은 것 같지 않은 인물은?

   a. 리어왕

   b. 줄리어스 시저

   c. 리처드 3세

   d. 맥베스

엎치나 메치나

1. 생물학적 부모 중 한 명을 부르는 말은?

2. 〈MASH〉에서 게리 버호프가 맡은 역할의 별명은?

3. 2019년은 앞부터 읽든 뒤부터 읽든 같은 날이 10일 연속으로 있다. 이 열흘 중에서 첫날은 며칠일까?

4. 이 용어는 어깨 근육의 '끝단'을 가리킨다.

5. 끝으로 갈수록 가늘어지는 좁은 배를 일컫는 이름이다.

6. 이 작곡가의 교향곡 47번 G장조의 별명은 3악장의 후반부 절반이 1악장과 똑같지만 거꾸로 진행하기 때문에 붙여졌다.

7. 에덴동산에서 이렇게 소개했을지도 모르겠다.

8. 이 단어는 '원칙' 혹은 '믿음'을 뜻하지만, '임차인lessee'을 뜻하는 단어와 비슷하게 들리곤 한다.

9. 이 유명한 구절에 나오는 사람은 논리적으로 시어도어 루스벨트일 수 있다. 그는 지협횡단 운하의 실현을 감독했던 사람이니까.

10. 'stressed'와 'desserts'는 'semordnilap(철자를 거꾸로 하면 다른 단어가 되는 것)'의 예다. 이 용어는 어떻게 유래했을까?

유명 건축물

1. 명나라 시대에 베이징에 지어진 이 건축물은 이름과는 달리 10달러가 안 되는 가격으로 직접 볼 수 있다. 무엇일까?

a. 대안탑　　　　　　　　　b. 진시황릉

c. 자금성　　　　　　　　　d. 현공사

2. 맨해튼의 렉싱턴 애비뉴 601번지 건물(전에는 시티코프 센터로 알려졌던)은 45도 기울어진 독특한 지붕과 더불어 다음과 같은 특징이 있다.

a. 홀수층이나 짝수층만 이동할 수 있는 2층 엘리베이터

b. 바람에 의한 흔들림을 중화하는 400톤 진동흡수장치

c. 건물의 9층 높이와 교회 위 캔틸레버의 하중을 견딜 수 있는 기둥들

d. 위의 모든 것

3. 무굴 황제 샤 자한이 경쟁자가 건축물로 돋보이는 것을 막기 위해 17세기에 이 묘를 지은 건축가와 건설자를 완공 후에 죽이도록 지시했다는 증거는 없다.

a. 금각사

b. 앙코르와트

c. 알함브라

d. 타지마할

4. 프랭크 로이드 라이트는 자연적 환경에서 유기적으로 나타나는 구조를 설계했고, 펜실베이니아의 이 주거용 건물이 전형적인 예를 보여주었다.

a. 샛강난로

b. 낙수장

c. 버블브룩

d. 칡성

5. 샌프란시스코의 트랜스아메리카빌딩은 1972년 완공 당시 세계에서 여덟 번째로 높은 건물이었을 뿐만 아니라 다음 이유에서 곧바로 마천루의 상징이 되었다.

a. 금문교를 반사하기 위해 동판 강철로 지어졌다.

b. 건물 외부 엘리베이터가 혁신적인 투과 플라스틱으로 만들어졌다.

c. 피라미드 형태다.

d. 날씨 조건이 맞으면 전망대에서 행글라이더 이륙이 가능하다.

6. 원래 있던 돔은 지진 피해로 11세기에 재건축되었지만, 바위 사원의 핵심 구조는 7세기에 세워졌으며, 가장 오래된 이슬람 건축물에 속한다. 이 건축물은 어디 있을까?

a. 메카

b. 이스탄불

c. 카이로

d. 예루살렘

7. 1693년 이후로 이 역사적 공간에서는 흡연이 금지되었다. 하지만 흡연자들에게는 여전히 무료 코담배를 제공하고 있다.

a. 런던 웨스트민스터 궁전 국회의사당

b. 파리 앵발리드

c. 베를린 민중대회당

d. 필라델피아 독립기념관

8. 1960년 이 유명한 장소가 철거를 앞두고 있을 때, 바이올리니스트 아이작 스턴이 대중적인 반발을 끌어내 철거가 취소되었다. 오늘날 이곳에서 연주하는 것은 음악계에서의 성공을 뜻한다.

a. 로열 앨버트홀

b. 카네기홀

c. 라스칼라

d. 콘세르트헤바우

9. 건축가 필립 존슨은 이 구조물을 '우리 시대의 가장 위대한 건물'이라고 했다. 《뉴요커》에서는 이 건물을 '티타늄 망토를 두르고 일렁이는 형태의 환상적인 꿈의 배'라고 묘사했다.

a. 시드니 오페라 하우스

b. 구겐하임 빌바오 박물관

c. 함부르크 국제 해양 박물관

d. 뉴욕 원 월드 트레이드 센터

10. 크로아티아계 체코 건축가인 블라도 미루니치와 캐나다계 미국인 프랭크 게리는 '춤추는 집'이라는 별칭을 가진 프라하의 국립 네덜란덴 빌딩을 건축했다. 게리가 원래 붙이고 싶어했던 건물 이름은 무엇일까?

a. 더티 댄싱

b. 마고와 루돌프

c. 프레드와 진저

d. 파드되

1. 셰익스피어가 쓴 이 불행한 연인들의 이야기는 여전히 십대들의 가슴을 울린다.

2. 인종적 편견 문제를 다룬 하퍼 리의 1960년작은 브로드웨이의 흥행대작이 되었다.

3. 1850년에 출간된 너대니얼 호손의 소설은 읽기에 다소 무거울 수도 있지만, 현대의 학생들은 이 작품의 페미니스트 인물인 헤스터 프린을 높이 평가한다.

4. 1937년 집필된 존 스타인벡의 작품으로 대공황기를 지나는 두 친구 이야기를 담았다.

5. 홀든 콜필드가 지닌 십대의 불안은 J. D. 샐린저의 고전에 여전히 실려 있다.

6. 치누아 아체베의 이 소설은 나이지리아 남동부의 식민지 이전과 이후 생활상을 세밀히 살핀다.

7. 가족의 체포와 살해에 대한 엘리 비젤의 기억은 홀로코스트의 교훈에 엄중한 현실성을 부여한다.

8. S. E. 힌턴은 열다섯 살에 포니보이 커티스와 친구들에 관한 이야기를 쓰기 시작했다.

9. 에이미 탄은 1949년에 이주한 4명의 중국인 여성 이야기를 그려냈다.

10. 로레인 핸스버리의 가장 유명한 작품으로 시카고 빈민가에 사는 '영거 패밀리' 이야기를 담고 있다.

세계의 박물관

1. 세계에서 입장료가 가장 비싼 미술관 10곳 중에서 5곳은 이 도시에 있다.

　a. 뉴욕

　b. 런던

　c. 파리

　d. 홍콩

2. 레오나르도 다빈치는 프랑스로 여행을 떠났을 때 이 그림을 가지고 갔을 것으로 추측된다. 그 뒤로 이 작품은 베르사유궁전과 나폴레옹의 침실을 거쳐 현재 루브르박물관에 자리하고 있다.

　a. 암굴의 성모

　b. 담비를 든 여인

　c. 살바토르 문디

　d. 모나리자

3. 세계에서 가장 많은 르누아르 그림을 소장한 박물관은?

　a. 파리 오르세 미술관

　b. 시카고 미술관

　c. 뉴욕 메트로폴리탄 미술관

　d. 필라델피아 반스 재단

4. 전시공간 기준으로 세계 최대 미술관은?

　a. 파리 루브르 박물관

　b. 상트페테르부르크 예르미타시 미술관

　c. 싱가포르 국립미술관

　d. 뉴욕 메트로폴리탄 미술관

5. 12세기 작품인 〈겐지 이야기〉는 현존하는 가장 오래된 그림이다. 어디에 소장되어 있을까?

　a. 취리히 리트베르크 박물관

　b. 도쿄 고토 박물관

　c. 로스앤젤레스 J. 폴 게티 박물관

　d. 런던 빅토리아 앨버트 박물관

6. 루브르 박물관은 세계에서 가장 방문객이 많은 박물관이다. 두 번째로 많은
곳은 어디일까?

    a. 런던 내셔널갤러리

    b. 구겐하임 빌바오 박물관

    c. 베이징 중국 국립 박물관

    d. 뉴욕 메트로폴리탄 미술관

7. 조지아 오키프 미술관은 어디에 있을까?

    a. 콜로라도 덴버

    b. 뉴멕시코 산타페

    c. 캘리포니아 버클리

    d. 뉴욕 뉴욕

8. 2017년 11월 에마뉘엘 마크롱 대통령은 와가두구 대학의 연설로 언론의 관심
을 받았다. 마크롱이 말한 내용은?

    a. 부르키나파소 미술가의 기념비적인 작품 5점 구매

    b. 아프리카 예술품의 아프리카 반환

    c. 부르키나파소에 새로운 탈식민주의 박물관 건설

    d. 루브르 박물관 소장품의 서아프리카지역 순회 전시

9. 퐁피두센터의 특징으로 알맞은 것은?

    a. 8톤 무게의 대형 셔틀콕이 남쪽 계단에 익살스럽게 전시되어 있다.

    b. 태양열 패널과 풍력 발전기로 자체적으로 전기를 생산한다.

    c. 배관과 전기, 기계와 공조 설비가 건물 외부에 노출되어 있다.

    d. 직각인 곳이 없다.

10. 건축가와 박물관이 잘못 짝지어진 것은?

    a. 프랭크 게리와 구겐하임 빌바오 박물관

    b. I. M. 페이와 워싱턴 DC 국립미술관 동관

    c. 렌조 피아노와 뉴욕 휘트니 미술관

    d. 프랭크 로이드 라이트와 샌프란시스코 현대미술관

음악 용어

보기

· 안단테	· 페르마타	· 모티프
· 카덴차	· 포르테	· 악장
· 콘체르토	· 라르게토	· 피아노
· 돌체	· 라르고	· 솔로
· 다운비트	· 멜로디	· 테마

1. 지휘자가 연주를 시작하는 박자다.

2. 교향곡을 나누는 가장 큰 부분으로, 잠시 휴지를 두어 한 부분과 다른 부분을 구분한다.

3. 이 용어는 '중간 속도'를 뜻한다.

4. 이 단어는 반복되는 짧은 부분을 뜻한다. 이 짧은 부분은 연이어 나오는 음들로 구성된다.

5. 이 용어는 '섬세하고 달콤하게 연주됨'을 뜻한다.

6. 한 명이나 그 이상의 연주자가 돋보일 수 있도록 확장된 구간을 뜻한다.

7. 연주자에게 악보에 표시된 것보다 음을 더 길게 원하는 만큼 끌어도 된다는 뜻이다.

8. 일반적으로 하나의 악기와 관현악 반주로 구성된 곡을 말한다.

9. 이 용어는 '느린 속도로'라는 뜻이다.

10. 이것은 연주자에게 부드럽게 연주하도록 지시하는 말이다.

19세기와 20세기 화가들

1. 빈센트 반 고흐가 귀를 잃은 이야기는 여전히 관심을 모은다. 하지만 최근에는 반 고흐가 떠들썩한 관계를 가졌던 다른 화가와 다툼을 벌이다 귀가 잘렸을 것이라는 의견도 나왔다. 이 화가는 누구일까?
   a. 폴 고갱　　　　　　　　　　b. 폴 세잔
   c. 조르주 쇠라　　　　　　　　d. 앙리 드 툴루즈 로트렉

2. 2019년 5월, 〈건초더미〉는 1억 1천만 달러가 넘는 가격에 판매되었다. 인상주의 작품 중에서 최고가인 이 작품의 작가는?
   a. 에두아르 마네
   b. 클로드 모네
   c. 에드가 드가
   d. 피에르 오귀스트 르누아르

3. 1900년대 초에 생겨나 단명한 미술 운동으로 앙드레 드렝과 앙리 마티스가 주도했고 강렬한 색채와 선명한 붓질을 강조한 것은?
   a. 입체파
   b. 인상주의
   c. 야수파
   d. 현대미술

4. 입체파의 창시자였지만, 초현실주의와 신고전주의에도 손을 댄 다재다능한 예술가는?
   a. 파블로 피카소
   b. 조르주 브라크
   c. 르네 마그리트
   d. 앙드레 브레통

5. 러시아 화가인 바실리 칸딘스키는 이 미술 유파의 첫 번째 주요 작가로 손꼽히곤 한다.
   a. 오르피즘
   b. 현대 추상 미술
   c. 미래주의
   d. 싱크로미즘

6. 한때 막스 베버의 제자였던 이 예술가는 그의 대표적인 특징인 '색면' 화풍에
안착하기까지 여러 방법을 실험해보았다.
  a. 밀턴 에이버리
  b. 윌럼 드 쿠닝
  c. 아돌프 고트리프
  d. 마크 로스코

7. 1923년 브루클린 미술관에 망사르드지붕을 팔고 100달러를 받은 것이 도시
와 시골 풍경을 그리는 이 리얼리즘 화가에게 돌파구가 되었다.
  a. 로베르 앙리
  b. 윌리엄 글래켄스
  c. 에드워드 호퍼
  d. 에버렛 신

8. 그랜트 우드가 누이와 치과의사를 모델로 그린 대표적인 그림은?
  a. 〈1월〉
  b. 〈아이오와, 스톤시티〉
  c. 〈아메리칸 고딕〉
  d. 〈감정〉

9. 프랑스 인상주의 화가인 이 사람은 무용수를 그린 그림으로 널리 알려져 있
다.
  a. 에드가 드가
  b. 폴 세잔
  c. 피에르 오귀스트 르누아르
  d. 구스타브 카유보트

10. 1949년 《라이프》지는 '이 사람이 미국에 현존하는 가장 위대한 화가인가?'
라는 질문을 던졌다.
  a. 한스 호프만
  b. 잭슨 폴록
  c. 윌럼 드 쿠닝
  d. 마크 로스코

3장

음식과 음료

지역 음식

1. 누군가는 치즈스테이크를 먹고 싶으면 펜실베이니아의 이 도시로 가야 한다고 말한다.

2. 이 지역에서 하얀 클램 차우더가 유래했다.

3. 이 고전적인 술안주용 음식이 태어난 곳에서는 그냥 '웡'이라고만 부른다.

4. 프렌치프라이와 그레이비, 치즈가 한데 모인 음식은 캐나다에서 미국으로 건너왔다.

5. 이 도시는 두툼한 딥 디시 피자로 유명하다.

6. 오스트리아의 대표적인 음식은 송아지 커틀릿 튀김이다.

7. 양의 속을 귀리와 향신료로 채운 하기스는 어느 나라에서 인기 있는 음식일까?

8. 연례행사인 오크 스트리트 포보이 페스티벌은 어느 도시에서 열릴까?

9. 이름만 들으면 디저트 같지만, 로스트비프와 함께 먹는 이 음식은 주로 빵으로 만든다.

10. 소금과 식초에 절여 먹곤 하는 이 생선은 사실상 네덜란드 음식의 상징적인 존재다.

3장 문제의 정답은 285쪽부터 차례대로 찾을 수 있다.

건강한 식단

1. 건강에 관련해서 탄수화물은 나쁜 평가를 받는다. 하지만 복합탄수화물은 건강에 좋을 뿐만 아니라 중요한 영양소다. 아래에서 복합탄수화물이 아닌 것은?

    a. 브로콜리

    b. 오렌지

    c. 통밀빵

    d. 오트밀쿠키

2. 아래에서 저탄수화물 식단이 아닌 것은?

    a. 키토

    b. 앳킨스

    c. 홀Whole30

    d. WW(이전의 웨이트 와처스)

3. 다음 중에서 설탕이 첨가되지 않은 것은?

    a. 우유

    b. 아이스크림

    c. 게토레이

    d. 피칸파이

4. 피부는 무엇에 노출되었을 때 비타민D를 생성하나?

    a. 마그네슘

    b. 햇빛

    c. 산소

    d. 비타민 A와 C

5. 글루텐이란?

    a. 지방

    b. 첨가 설탕

    c. 곡물 단백질

    d. 빈 칼로리

6. 2011년, 식품영양소 피라미드를 내놓은 지 19년 만에 미국 농식품부는 일일 식품섭취 권장을 위해 이것으로 삽화를 대체해 제공하기 시작했다.

a. 케니 케일

b. 녹색음식 진열대

c. 접시

d. 저울

7. 유제품을 비롯하여 어떤 동물성 제품도 먹지 않는 채식주의자인 비건들은 단백질 섭취는 어떻게 하는지 자주 질문받는다. 다음에서 식물성 단백질의 훌륭한 공급원이 아닌 것은?

a. 퀴노아

b. 검은콩

c. 당근

d. 견과류

8. 미국인들은 단백질을 과다 섭취한다. 권장섭취량(파운드당 0.36그램)에서 대략 어느 정도를 초과해 소비하고 있을까?

a. 1.5배

b. 2배

c. 2.5배

d. 3배

9. 대부분의 활동을 위해 필요한 신체의 주요 에너지원은 무엇일까?

a. 단백질

b. 비타민 K

c. 탄수화물

d. 지방

10. 미국인의 거의 절반이 고혈압 증상을 보인다. 어떤 식이 성분의 섭취를 대폭 줄이면 혈압을 낮추는 데 도움이 될까?

a. 당

b. 단백질

c. 지방

d. 염분

패스트푸드

패스트푸드점들을 순서대로 배열해보자.

첫 개장 (이른 곳부터 순서대로)

· 타코벨
· 아비스
· 화이트캐슬

· 웬디스
· 맥도날드
· 파파이스

현재 매장 수 (적은 곳부터)

· 아비스
· 서브웨이
· 맥도날드

· 버거킹
· KFC
· 타코벨

대표 메뉴의 칼로리 (적은 것부터)

· 맥도날드의 빅맥
· 웬디스의 베이커네이터
· 버거킹의 와퍼
· 화이트캐슬의 오리지널슬라이더
· 잭인더박스의 클래식버터리잭
· 아비스의 클래식비프앤체다

다양한 조리법

보기

· 베이크	· 크림 넣기	· 소테
· 블랜치	· 큐어	· 시어
· 보일	· 플랑베	· 스모크
· 브레이즈	· 프라이	· 수비드
· 브라인	· 마리네이트	· 스팀
· 캐러멜화	· 포치	· 스터프라이
· 콩피	· 로스트	

1. 불꽃으로 조리한다. 극적인 장면이 연출되기도 한다.

2. 프라이팬에서 약간의 지방과 함께 센 불에서 익힌다.

3. 부글부글 끓어오르지 않을 정도의 물에서 서서히 끓여 익힌다.

4. 오븐을 닫은 상태에서 고온으로 익힌다.

5. 뚜껑을 닫고 물을 끓인 증기로 익힌다.

6. 식재료 자체의 지방을 이용해 조리한다.

7. 조리하기 전에 양념과 연화 과정을 거친다.

8. 나무를 태워 발생하는 건조한 열로 익힌다.

9. 식재료의 당분이 빠져나올 수 있게 약한 불에서 익힌다.

10. 봉지에 밀폐하여 일정한 수온을 유지하는 수조에서 익힌다.

1. 디저트가 '아 라 모드'일 경우에 함께 나오는 것은?

    a. 커피

    b. 아이스크림

    c. 쿠키

    d. 추가 초콜릿 소스

2. 태국음식점에서 가장 매운 커리를 먹고 싶다면 무엇을 주문해야 할까?

    a. 그린 커리

    b. 레드 커리

    c. 옐로 커리

    d. 마사만 커리

3. '아 라 카르테' 음식은…

    a. 개별적으로 가격이 책정된다.

    b. 가장 비싼 것이다.

    c. 테이블에서 바로 조리해준다.

    d. 주요리가 아닌 부식이다.

4. 닭고기나 송아지고기 피카타는 이것으로 만든 소스와 함께 제공된다.

    a. 버섯과 양파

    b. 마늘과 기름

    c. 레몬과 버터

    d. 토마토

5. 소믈리에에게는 무엇에 관한 질문을 하는 것이 좋을까?

    a. 빵

    b. 후식

    c. 기본 샐러드

    d. 와인

6. 고기가 '타르타르'로 제공되면, 고기를…

    a. 구운 것이다.

    b. 바싹 익힌 것이다.

    c. 익히지 않은 것이다.

    d. 얇게 저민 것이다.

7. '세미프레도' 디저트는 반쯤 어떤 것일까?

    a. 차가운 것

    b. 견과류를 부순 것

    c. 오븐에 구운 것

    d. 초콜릿 소스를 뿌린 것

8. 고기에서 '생크 컷'을 주문하면 어떤 부위가 나올까?

    a. 가슴

    b. 등

    c. 다리

    d. 엉덩이

9. '폴로'를 주문하면 무엇을 먹게 될까?

    a. 햄

    b. 돼지고기

    c. 닭고기

    d. 소고기

10. 이탈리아 음식 메뉴에서 주요리가 아닌 부식인 것은?

    a. 프리미

    b. 세콘디

    c. 콘토르니

    d. 돌체

초록색 음식

1. 달콤한 이름의 이 과일의 평균 중량은 약 6파운드다.

2. 이 과일과 이름이 같은 새가 있다.

3. 이 새콤달콤한 품종이 초록색 사과 중에 가장 흔하다.

4. 이 시원한 채소는 95%가 수분이다.

5. 지중해가 원산지인 이 양배추의 사촌은 처음 잉글랜드에 소개되었을 때 '이탈리아 아스파라거스'라고 불렸다.

6. 나뭇잎은 엽록소에서 초록색을 얻고, 이 견과류도 마찬가지다.

7. 이 감귤류는 멕시코와 베트남 음식에서 흔히 쓰인다.

8. 이 채소를 전 세계에서 가장 많이 수출하는 국가는 페루다.

9. 스노피와 완두를 교배해서 이 새로운 품종을 만들었다.

10. 이 과일은 단백질 함량이 가장 높다.

세계인이 좋아하는 음식

1. 미국식 중국음식점에서 이 요리는 치킨과 양송이와 채소를 순한 화이트소스에 섞은 것이다.
   a. 차우멘
   b. 제너럴쏘치킨
   c. 무구가이판
   d. 차우펀

2. 스페인에서 온 요리로 토마토를 기본 재료로 하는 차갑고 풍미가 강한 수프다.
   a. 가스파초
   b. 파에야
   c. 라타투이
   d. 잠발라야

3. 한국인이 즐겨 먹는 매운 음식으로, 발효된 채소로 만든다. 주재료로 배추를 사용한다.
   a. 비빔밥
   b. 김치
   c. 잡채
   d. 불고기

4. 굵게 다진 재료로 만드는 '프랑스식 미트로프'는 생선과 채소로 만들 수도 있다. 고기는 얇게 저며 낸다.
   a. 어뮤즈부셰
   b. 테린
   c. 카술레
   d. 수플레

5. 커리로 양념한 시금치에 인도 치즈를 넣은 요리는?
   a. 라즈마
   b. 비리야니
   c. 달마카니
   d. 삭파니르

6. 스파게티 면에 계란 노른자로 만든 소스와 베이컨, 치즈를 넣으면 어떤 요리가 될까?
   a. 알라푸타네스카
   b. 알라제노베제
   c. 알라카르보나라
   d. 알포모도로

7. 이 독일 전통식은 와인과 물, 식초, 향신료를 혼합해 3~10일 동안 고기를 재워 두어야 한다.
   a. 하젠페페르
   b. 브라트카토펠른
   c. 쇼펠레
   d. 자우어브라텐

8. 간 소고기와 올리브, 건포도, 토마토를 넣은 쿠바 요리는?
   a. 프리타타
   b. 모롱가
   c. 미시오테
   d. 피카디요

9. 가지와 양고기와 감자를 켜켜이 쌓고, 치즈와 베사멜 소스를 얹은 그리스 요리는?
   a. 타라마살라타
   b. 돌마데스
   c. 무사카
   d. 스파나코피타

10. 이 요리를 변형한 음식이 생겼지만, 전통적인 방법은 잉글리시 머핀에 수란과 햄, 베이컨을 얹고 홀랜다이즈 소스를 끼얹는 것이다.
   a. 에그베네딕트
   b. 우에보스 란체로스
   c. 베이퐁모엔
   d. 에그멀둔

와인, 와인, 와인

1. 포도 75~100송이로 와인 한 잔을 만들 수 있을까? 한 병을 만들 수 있을까?

2. 영화 〈사이드웨이〉에서 이 와인 종류에 대한 마일즈의 대사가 너무 열정적이어서, 실제로 이 와인의 판매량이 상승했다.

3. 와인 '테이스팅(시음)'은 와인을 평가하는 데 가장 중요한 감각을 고려하면 뭐라고 부르는 것이 더 적절할까?

4. '코르크 티즈Cork teases'는 와인저장고에 있는 훌륭한 와인에 대해 이야기하지만, 또한 절대로 무엇을 하지 않는 사람들을 가리킬까?

5. 비-유럽지역 생산 와인은 포도 품종에 따라 이름을 붙인다. 유럽산 와인은 무엇에 따라 이름을 붙일까?

6. 레드 와인의 붉은색은 어디서 오는 걸까?

7. 참? 거짓?: 로제 와인은 적포도와 청포도를 혼합해 만든다.

8. 확실히 와인을 '드라이'하다고 말하는 것은 와인이 촉촉하지 않다는 뜻은 아니다. 그보다는 어떻지 않다는 뜻일까?

9. 100점 만점의 와인 등급 기준에서 60점 미만인 와인은 어떤 상태로 간주될까?

10. 금주법 시행 기간에 와인 양조장에서는 이런 고객을 위해 와인을 제조한다는 허가를 받으면 생존에 도움이 되었다.

미국의 체인 레스토랑

1. 이 레스토랑은 〈프라이데이 나이트 라이트〉의 등장인물이었다.
   a. 올리브가든　　　　　　　　b. 애플비스
   c. T.G.I. 프라이데이스　　　　d. 퍼킨스

2. 이 회사는 31가지 맛을 내세우지만 사실은 1945년 이후로 1,000가지 넘는 맛을 선보였다.
   a. 데어리퀸
   b. 벤앤제리스
   c. TCBY
   d. 배스킨라빈스

3. 2012년 이 회사는 최고운영책임자가 성소수자결혼합법화에 반대하자 논쟁의 주인공이 되었다.
   a. 맥도널드
   b. 스타벅스
   c. 칙필레
   d. 체스터스

4. 아케이드 게임을 도입한 이 체인점의 발상은 아타리의 공동창업자 중 한 명이 생각한 것이었다.
   a. 데이브앤버스터스
   b. 올리스
   c. 로키스
   d. 처키치즈

5. 이 끈적끈적하고 달콤한 간식 체인점이 처음으로 입점한 곳은 워싱턴주의 시택몰이었다.
   a. 시나본
   b. 앤티앤스
   c. 추로
   d. 카블

6. 맥도널드는 세계에서 가장 큰 패스트푸드 체인이다. 하지만 포장과 배달이 가능한 체인점 중에서 가장 규모가 큰 곳은 바로 이 친숙한 이름이다.

   a. 리틀시저스

   b. 피자헛

   c. 파파존스

   d. 도미노스

7. 아시아의 분위기가 물씬 풍기는 이 고급 레스토랑은 '차이니즈 비스트로'를 표방한다.

   a. 판다익스프레스

   b. 비디스몽골리언그릴

   c. 딘타이펑

   d. 피에프창스

8. 이곳은 무제한 샐러드와 브레드스틱 제공으로 인기를 끌었다.

   a. 올리브가든

   b. 올리브트리

   c. 카라바스이탈리안그릴

   d. 토니로마스

9. 첫 번째 하드록카페는 어디에서 문을 열었을까?

   a. 토론토

   b. 베를린

   c. 로스앤젤레스

   d. 런던

10. 레드랍스터에 대한 사실이 아닌 것은?

   a. 케이프코드를 따라서 디자인했다.

   b. 2003년 '무제한 게다리 제공' 행사로 회사는 수백만 달러의 비용을 지출했다.

   c. 체다비스킷의 페이스북에는 거의 백만 명의 팔로어가 있다.

   d. 레스토랑의 마스코트는 클로드다.

분석하기

이 음식들을 순서대로 배열해보자.

1회 제공량당 단백질 함량 (적은 것부터 순서대로)

· 허쉬 초콜릿

· 2% 저지방 우유 1컵

· 바나나

· 중간 크기 감자

· 연어 4oz(약 110g)

· 스위스치즈 1장

· 껍질 벗긴 풋콩 1컵

1회 제공량당 당 함량 (적은 것부터)

· 중간 크기 옥수수 1자루

· 쌀밥 1컵

· 껍질 벗긴 풋콩 1컵

· 중간 크기 감자

· 2% 저지방 우유 1컵

· 바나나

· 허쉬 초콜릿

1회 제공량당 지방 함량 (적은 것부터)

· 연어 4oz(약 110g)

· 허쉬 초콜릿

· 중간 크기 옥수수 1자루

· 캐슈넛 1oz(약 30g)

· 스위스치즈 1장

· 식빵 1장

· 땅콩버터 2큰술

1회 제공량당 열량 (적은 것부터)

· 식빵 1장

· 핀토빈(콩) 1컵

· 허쉬 초콜릿

· 땅콩버터 2큰술

· 2% 저지방 우유 1컵

· 캐슈넛 1oz

· 닭고기 3oz(약 85g)

영화 속 음식

1. 초콜릿 폭포와 먹을 수 있는 버터컵은 누구의 공장에서 나오는 두 가지 간식일까?

2. 2007년 픽사의 이 작품에서 설치류 레미는 요리사가 되는 꿈을 꾼다.

3. 제이슨 빅스가 실제 빵이나 케이크와는 아무 관련이 없는 이 야한 10대 코미디영화에서 주연을 맡았다.

4. 주디 바렛의 아동서를 각색한 이 영화는 음식과 날씨를 혼합해 익살스러운 결과를 만든다.

5. 거대한 돌연변이 과일이 인간에게 저항해 반란을 일으키는 영화다.

6. 코네티컷 작은 마을의 레스토랑을 배경으로 펼쳐지는 이 성장 영화에는 줄리아 로버츠와 맷 데이먼이 출연한다.

7. 스티븐 킹의 소설을 원작으로 한 이 컬트 스릴러 영화에서, 아이들은 '줄 뒤에서 걷는 자'를 숭배한다.

8. 1973년작인 이 공상과학 영화에서 찰턴 헤스턴은 제목과 같은 이름의 음식 '소일렌트 그린'이 사실은 이것이었음을 발견한다.

9. 앤서니 버지스는 1971년 영화화된 이 소설의 제목은 자연적인 것과 기계적인 것의 교차점을 함축한다고 말했다.

10. 〈록키〉에서 우리의 주인공은 오전 4시 훈련을 시작하기 전에 이것 5개를 단숨에 들이켠다.

아침에 한 잔

1. 세계 최대 규모의 커피 체인인 스타벅스는 어느 고전 해양 소설의 등장인물에서 그 이름을 따왔을까?
   a. 『조스』
   b. 『모비딕』
   c. 『노인과 바다』
   d. 『해저 2만리』

2. 버블티에 든 '버블'은 무엇으로 만들까?
   a. 타피오카
   b. 젤라틴
   c. 마시멜로
   d. 맥아유 덩어리

3. 차 한 잔과 비교하면 커피 한 잔에는 카페인이 얼마나 더 많을까?
   a. 거의 같은 양
   b. 2배 이상
   c. 3배
   d. 1.5배

4. 미국에서 소비되는 차 중에서 압도적으로 많은 양인 75~85%는 이것이다.
   a. 녹차
   b. 홍차
   c. 가당차
   d. 아이스티

5. 커피 원두는 사실 열매의 씨 부분으로 원래는 어떤 색일까?
   a. 붉은색
   b. 초록색
   c. 파란색
   d. 노란색

6. 허브차에는 카페인이 없다. 왜냐하면…

a. 카페인이 약효를 떨어뜨리기 때문이다.

b. 건강에 관심이 많은 사람들은 '순수한' 허브차를 좋아하기 때문이다.

c. 찻잎으로 만들지 않기 때문이다.

d. 카페인의 지극히 미미한 흔적만 남기고 모두 제거되도록 처리했기 때문이다.

7. 하와이는 미국에서 유일하게 커피를 재배하는 주였지만, 최근에는 다른 주에서도 동참했다. 어디일까?

a. 캘리포니아

b. 워싱턴 DC

c. 오리건

d. 뉴멕시코

8. '마지막 한 방울까지 맛있는' 커피는?

a. 상카

b. 폴저스

c. 던킨

d. 맥스웰하우스

9. 커피와 차에 대한 설명으로 알맞지 않은 것은?

a. 커피의 역사가 차보다 오래되었다.

b. 커피와 차는 각 원료 식물에서 다른 부분으로 만들어진다.

c. 찻잎에는 커피 원두보다 카페인이 많다.

d. 미국인들은 차보다 커피를 더 많이 마신다.

10. '태시오그래퍼'는 커피 가루나 찻잎을 이용해…

a. 정원에 비료를 준다.

b. 질병을 치료한다.

c. 미래를 예견한다.

d. 추가로 커피나 차를 만든다.

음식 프로그램

다음 텔레비전 방송 프로그램들을 순서대로 배열해보자.

요리 프로그램

진행자들이 제시된 순서대로 프로그램을 정리해보자.

제임스 비어드, 알톤 브라운, 줄리아 차일드, 가이 피에리, 아이나 가르텐, 고든 램지, 레이첼 레이

- 〈다이너스, 드라이브인스, 앤드 다이브스〉
- 〈더 프렌치 셰프〉
- 〈헬스 키친〉
- 〈아이 러브 투 이트〉
- 〈30-미닛 밀스〉
- 〈베어풋 콘테사〉
- 〈굿 이츠〉

첫 출연 (이른 것부터)

- 줄리아 차일드
- 고든 램지
- 레이첼 레이
- 알톤 브라운
- 제임스 비어드
- 가이 피에리
- 아이나 가르텐

요리 경연 (첫 방영일을 기준으로)

- 〈탑 셰프〉
- 〈아이언 셰프〉
- 〈찹트〉
- 〈컷스로트 키친〉
- 〈케이크 워스〉
- 〈더 파이널 테이블〉

맥주를 콸콸콸

1. 참? 거짓?: 세계적으로 커피 소비량보다 맥주 소비량이 더 많다.

2. 맥주의 원료인 홉은 점점 합법화되고 있는 이 물질과 같은 식물군에서 얻는다. 이 물질은 무엇일까?

3. 위쪽에서 발효되는 효모를 이용하는 맥주는 에일이라고 한다. 아래쪽에서 발효되는 효모를 이용하는 맥주는 무엇이라고 할까?

4. 미국에서 다른 주보다 2배 이상의 맥주 양조장이 있는 주는 어디일까?

5. 팹스트, 슐리츠, 밀러 등 많은 맥주 회사가 있는 이곳은 '브루 시티(양조 도시)'라는 별명이 있다.

6. 이 용어는 골든 페일 에일 맥주와 그 맥주를 마실 때 사용하는 잔을 모두 가리키는 말이다.

7. 이 사람은 자신의 이름을 딴 스타우트 맥주를 1769년 더블린에서 수출하기 시작했다.

8. 맥아향이 나는 보크 비어는 어느 나라에서 유래했을까?

9. 20세기 말, 소규모 독립 양조장을 가리키는 '마이크로브루어리'라는 말이 등장했다. 오늘날에는 이런 곳을 가리켜 무엇이라고 할까?

10. 2013년, 스코틀랜드 기업인 브루마이스터에서 신제품 스네이크 베놈을 출시했다. 이는 이전 제품인 아마겟돈을 어떤 점에서 능가하는 제품이었을까?

빵 뜯어보기

1. '베이커스 더즌Baker's dozen(제빵사의 묶음)'은 몇 개를 의미할까?

    a. 12

    b. 11

    c. 13

    d. 15

2. 빵의 기본재료는 밀가루와 무엇일까?

    a. 효모

    b. 설탕

    c. 물

    d. 소금

3. '브레이킹 브레드breaking bread(빵을 찢기)'는 전통적으로 어떤 의미를 담은 행동으로 생각했을까?

    a. 평화

    b. 양심

    c. 분노

    d. 결혼

4. 빵의 역사는 매우 오래되어서, 종종 종교적인 표현에 쓰이기도 한다. 다음 중에서 어떤 기독교 의식이 이런 예가 될까?

    a. 성찬

    b. 견진 성사

    c. 세례

    d. 종부 성사

5. 뉴욕은 맛있는 베이글로 유명하지만, 캐나다의 이 도시에서도 북아메리카에서 최고의 베이글을 맛볼 수 있다고 한다. 어디일까?

    a. 퀘벡

    b. 토론토

    c. 오타와

    d. 몬트리올

6. 효모가 들어가지 않는 빵은?

   a. 난

   b. 프렌치 바게트

   c. 포테이토 롤

   d. 아이리시 브레드

7. "국민의 빵을 관장하는 자는 그들의 영혼을 관장하는 자보다 더 위대한 지도자다." 이렇게 말했다고 전해지는 사람은 누구일까?

   a. 조지 6세

   b. 루이 4세

   c. 프레데릭 스트뢰만

   d. 나폴레옹

8. '비프 온 웩'은 쿠멜웨크 롤 사이에 로스트비프를 넣은 샌드위치로 뉴욕에서 유래한 음식이다. 쿠멜웨크 롤의 윗면에는 무엇이 뿌려져 있을까?

   a. 소금과 캐러웨이 씨

   b. 양귀비 씨

   c. 소금과 말린 양파

   d. 참깨 씨

9. 1928년 소개된 슬라이스드 브레드(썰어나온 빵)에 대한 사실이 아닌 것은?

   a. 스미소니언 박물관에 슬라이스 기계가 소장되어 있다.

   b. 제2차 세계대전 기간에는 슬라이스드 브레드가 금지되었다.

   c. 처음에 나왔을 때는 엉성해 보여서 사람들이 많이 사지 않았다.

   d. 슬라이스드 브레드 때문에 일어난 소동으로 빵 부족 사태까지 발생했다.

10. 성서에서 유래한 것이 아닌 표현은?

   a. 빵은 생명의 양식이다.

   b. 사람은 빵으로만 살지 않는다.

   c. 빵 반쪽이라도 없는 것보다는 낫다.

   d. 자신의 빵을 물 위에 던지다.(아낌없이 베푼다는 뜻-옮긴이)

C로 시작하는 음식

1. 〈세사미 스트리트〉에서 파란색 몬스터는 'C'로 시작하는 음식은 무엇이라고 노래할까?

2. 이 핵과류 과일은 두 가지 종류가 있다. 단 것과 신 것.

3. 이 저지방 고단백 응유 식품은 대표적인 다이어트 음식이다.

4. 미국 해군에서 이 계급의 계급장은 줄이 4개지만, 이 시리얼 마스코트는 같은 계급임에도 한 번도 줄이 3개를 넘지 않았다.

5. 조니케이크는 칠리와 함께 먹는 이 음식의 변형이다.

6. 프랑스 요리를 준비할 때 '미르포아'는 당근과 양파, 그리고 이것을 다져서 섞은 것을 말한다. 향이 강한 이 채소는 무엇일까?

7. 유전적 원인 때문에 어떤 사람들은 이 허브에서 비누 맛이 난다고 느낄 수도 있다.

8. 부드러우면서도 바삭바삭한 이 과자를 일컫는 단어는 사실 키블러의 제품 이름으로 과자 종류를 나타내는 말이 아니었다.

9. 많은 사람이 좋아하는 이 당과류 음식의 이름은 당분이 많은 이 채소의 이름에서 나온 것이다. 감미료가 귀하던 시절에는 디저트의 재료로 이 채소가 자주 사용되었다.

10. 크래커잭은 바로 이 음식을 뜻하는 것이다.

복고풍 식당 은어

1. '뽀빠이'라고 하면 떠오르는 채소는?

    a. 셀러리

    b. 양상추

    c. 시금치

    d. 브로콜리

2. '시티 주스' 혹은 '아담스 에일'은 어떤 음료를 가리킬까?

    a. 맥주

    b. 물

    c. 탄산음료

    d. 커피

3. '액슬 그리스(차축의 윤활유)'는 무엇을 가리킬까?

    a. 맥주

    b. 버터

    c. 와인

    d. 튀김용 기름

4. 다음 중에서 커피를 뜻하는 말이 아닌 것은?

    a. 빈스 투 고beans to go

    b. 벨리 워머belly warmer

    c. 브라운 워터brown water

    d. 컵 오브 머드cup of mud

5. 달걀은 '칙스chicks(병아리)', '애덤앤이브Adam and Eve(아담과 이브)'로 부르기도 한다. 그렇다면 달걀을 올려놓은 '래프트raft(뗏목)'는 무엇일까?

    a. 접시

    b. 잉글리시 머핀

    c. 토스트

    d. 와플

6. '프라이데이스초이스Friday's choice(금요일의 선택)'는 무엇을 나타낼까?

    a. 특별 할인 시간

    b. 생선 요리

    c. 술 취한 손님

    d. 남은 음식

7. '기브잇슈즈Give it shoes' 혹은 '고포어워크Go for a walk'는 무슨 뜻일까?

    a. 손님이 계산을 하도록 만들어라.

    b. 손님을 받지 마라.

    c. 포장 주문으로 준비하라.

    d. 메뉴에서 항목을 빼라.

8. '사이드암sidearms'은 테이블에 늘 갖춰두는 무엇을 말할까?

    a. 냅킨

    b. 머스터드와 케첩

    c. 소금과 후추

    d. 크림과 설탕

9. 오렌지주스를 뜻하는 식당 은어가 아닌 것은?

    a. 썬키스sun kiss

    b. 플로리다토닉Florida tonic

    c. 오지oh gee

    d. 리퀴드선샤인liquid sunshine

10. 벨리초커belly chokers, 초커홀choker holes, 라이프프리저버life preservers, 싱커 sinkers, 서브머린submarines 모두 무엇을 나타내는 은어일까?

    a. 베이글

    b. 도넛

    c. 핫도그

    d. 팬케이크

샌드위치

1. 베이글이나 잉글리시 머핀 위에 올려서 내는 이 음식은 어디서나 먹을 수 있는 아침 식사다.

2. 대개 햄과 양상추, 토마토, 베이컨을 넣고 3겹으로 쌓은 샌드위치를 일컫는 말은?

3. 간 고기를 넣은 소스를 빵에 얹어서 내는 음식으로 이름이 잘 들어맞는다.

4. 이 음식은 콘비프와 사우어크라우트, 스위스치즈를 호밀빵에 얹어 먹는 전형적인 샌드위치다.

5. 그리스에서 온 이 음식은 피타에 고기와 토마토, 적양파, 차지키 소스를 넣어 먹는 것이다.

6. 빵을 뜻하는 베트남어를 따라 이름이 붙은 이 샌드위치는 바게트에 풍미 있는 재료들을 채운 것이다.

7. 다양한 고기와 치즈, 양념으로 채운 이 거대한 샌드위치의 이름은 만화 등장인물의 이름에서 따온 것이다.

8. 따뜻하게 먹는 이탈리아식 샌드위치로 그릴에 눌러 구운 후, 가로로 길게 자른다.

9. 바게트에 로스트비프를 얹고 육수와 함께 내는 음식은 뭐라고 할까?(아비스의 메뉴에도 있다.)

10. 영국에서 유래한 이 가벼운 샌드위치는 차 마시는 시간에 함께 제공되곤 한다.

간단히 후식으로

1. 논퍼렐은 색을 입힌 설탕 알갱이나 그 알갱이를 묻힌 초콜릿을 말한다. 논퍼렐의 예가 되는 것은?
   a. 킷캣
   b. 스노-캡스
   c. 트러플
   d. 피넛버터 블로썸

2. 이 케이크의 이름은 재료가 아니라, 구울 때 사용하는 독특한 팬의 이름을 따서 정해졌다.
   a. 대공황케이크
   b. 번트케이크
   c. 업사이드다운케이크
   d. 조니케이크

3. 달걀노른자와 마스카포네, 코코아, 술이 들어간 이탈리아의 대표적 케이크다.
   a. 티라미수
   b. 카놀리
   c. 판나코타
   d. 토르토니

4. '파운드케이크'라는 이름의 유래는?
   a. 완성된 케이크의 무게
   b. 사용하는 각 재료의 양
   c. 구매할 때 드는 비용
   d. 밀가루를 빻는 행위

5. 퍼지더웨일앤쿠키퍼스Fudgie the Whale and Cookie Puss는 어느 회사에서 나온 아이스크림 이름일까?
   a. 데어리퀸
   b. 프렌들리스
   c. 배스킨라빈스
   d. 커블

6. 루스 그레이브스 웨이크필드가 1938년 톨하우스인에서 개발한 쿠키는 흔히 이렇게 부른다.

    a. 피넛버터쿠키

    b. 오트밀쿠키

    c. 스니커두들

    d. 초콜릿칩쿠키

7. 2019년 기준으로 오랫동안 사랑받아온 걸스카우트 최고의 인기 쿠키는 무엇일까?

    a. 태그얼롱

    b. 사모아

    c. 씬민트

    d. 트리포일

8. 이 케이크의 이름은 형태가 비슷한 동물 이름을 따서 정했다. 이 동물은 2001년부터 남호주 문화유산으로 등재되어 있다.

    a. 개구리케이크

    b. 캥거루케이크

    c. 코알라케이크

    d. 악어케이크

9. 터키에서 유래했을 가능성이 큰 이 케이크는 필로 반죽을 켜켜이 쌓고 견과류와 꿀로 속을 채워 만든다.

    a. 피니키아

    b. 나폴레옹

    c. 바브카

    d. 바클라바

10. 다음 중에서 사실은 케이크인 것은?

    a. 체스파이

    b. 보스턴크림파이

    c. 버터밀크파이

    d. 레몬아이스박스파이

샐러드 이모저모

1. 니수아즈 샐러드의 재료에 대해서는 요리사들이 논쟁할 수도 있겠지만, 기원
   은 확실하다. 어디일까?

2. 아이스버그레터스 다음으로 많이 유통되는 상추 종류는?

3. 음식역사학자들은 대부분 이 샐러드의 이름이 줄리어스의 이름을 딴 것이 아
   니라 카디니라는 이탈리아 이민자의 이름에서 왔다는 사실에 공감한다.

4. 포도, 사과, 호두가 들어간 이 과일 견과 샐러드에는 이것을 만든 뉴욕호텔의
   이름을 붙였다.

5. 할리우드의 브라운 더비 레스토랑 소유주의 이름을 딴 이 샐러드의 기본 재
   료는 아보카도와 삶은 달걀, 베이컨이다.

6. 그리스신이 먹는다는 음식의 이름을 딴 이 샐러드에는 마시멜로와 코코넛,
   통조림 과일이 들어간다.

7. 샐러드라는 말은 어떤 재료와 관계되는 라틴어에서 유래했을까?

8. 이 음식의 이름은 '양배추 샐러드'를 뜻하는 네덜란드 말에서 왔다.

9. 샐러드를 이렇게 경멸적으로 부르면 토끼들을 자극할 수도 있다.

10. 셰익스피어 스타일로 젊음의 순수함과 이상주의, 미숙함이 있는 시기를 가
    리켜 '샐러드데이스salad days'라고 한 여왕은 누구일까?

1. 금주법을 완곡하게 표현하는 말은?
    a. 대재앙
    b. 암흑기
    c. 고귀한 실험
    d. 알 카포네의 전성기

2. '믹솔로지스트mixologist'는 무엇을 좀 더 세련되고 포괄적으로 말하는 용어일까?
    a. 바텐더
    b. 취미로 양조하는 사람
    c. 칵테일 웨이트리스
    d. 바에서 이성을 유혹하려는 사람

3. 어떤 술이든 점심 식사에 먹을 수 있지만, 가장 일반적으로 연결되는 것은 이것이다.
    a. 김렛
    b. 와인
    c. 맥주
    d. 마티니

4. 이 인물의 이름을 따서 술 이름을 정했지만, 실존 인물이 아닌 경우는?
    a. 지오바니 벨리니
    b. 로이 로저스
    c. 톰 콜린스
    d. 장 할로

5. 압생트는 자연적으로 무슨 색일까?
    a. 노란색
    b. 옅은 파란색
    c. 옅은 갈색
    d. 초록색

6. 금주법 기간에는 숙성이 필요하지 않은 이 증류주가 위스키보다 더 자주 생산되었다.

    a. 진

    b. 사케

    c. 럼

    d. 데킬라

7. 텔레비전에 등장하는 허구의 바텐더가 아닌 사람은?

    a. 샘 멀론

    b. 아이작 워싱턴

    c. 스튜어트 블룸

    d. 알 스베렝겐

8. 2004년에 미국 칵테일 박물관이 설립된 도시는?

    a. 뉴올리언스

    b. 뉴욕

    c. 로스앤젤레스

    d. 마이애미

9. 바텐더 업계의 조상이라 할 만한 제리 토머스가 1862년작 『바텐더스 가이드』에 포함하지 않은 것은?

    a. 세제락

    b. 스크루드라이버

    c. 올드패션

    d. 맨해튼

10. 피스코 사워는 남아메리카의 어느 나라에서 유래했을까?

    a. 브라질

    b. 볼리비아

    c. 베네수엘라

    d. 페루

동물과 자연

고양이와 개

참일까? 거짓일까?

1. 평균적으로 개는 고양이보다 오래 산다.

2. 달마시안은 태어날 때 반점이 없다.

3. 보통 개는 약 150단어를 이해할 수 있다.

4. 〈미녀 마법사 사브리나〉에 등장한 고양이의 이름은 스펠라였다.

5. 고대 그리스인들은 고양이를 숭배했다.

6. 개는 코에 독특한 비문이 있고, 사람의 지문처럼 개도 각자 비문이 다르다.

7. 개는 고양이보다 더 많은 목소리를 낼 수 있다.

8. 고양이는 하루의 반 정도를 잠으로 보낸다.

9. 〈래시〉에서 래시로 출연한 개들은 모두 수컷이었다.

10. 개는 고양이보다 이빨이 많다.

4장의 질문에 대한 답은 290쪽부터 차례대로 찾을 수 있다.

날씨에 관한 궁금증

1. 물은 지구의 기후 조절에 큰 역할을 한다. 지구 최대의 담수 공급원은?

    a. 오대호

    b. 바다

    c. 빙하

    d. 바이칼호

2. 바닷물이 고여 있으면 생명체가 위험해질 수 있다. 바다가 정체되지 않도록 하는 것은 무엇일까?

    a. 비바람

    b. 낚시

    c. 계절의 변화

    d. 달

3. 지구온난화로 일어나는 현상이 아닌 것은?

    a. 강우 양상의 변화

    b. 종의 이동

    c. 해수면 상승

    d. 담수 증가

4. 1994년 31일 동안 계속되면서 모든 면에서 특별했던 열대성 폭풍의 이름은?

    a. 존

    b. 수잔

    c. 헨리

    d. 나딘

5. 번개가 그렇게 자주 번쩍이는데도 같은 장소를 두 번 치지 않는다니 믿기 어려운 일이다. 번개는 1년에 몇 번 이상 번쩍이는 걸까?

    a. 300

    b. 3,000

    c. 300,000

    d. 3,000,000

6. 태풍의 눈은…
   a. 우박으로 가득 차 있다.
   b. 차분하고 평화롭다.
   c. 강풍과 폭우가 특징이다.
   d. 결빙한다.

7. 다음에서 2005년 미국을 강타한 3등급 허리케인이 아닌 것은?
   a. 카트리나
   b. 리타
   c. 아이크
   d. 윌마

8. 이 도시는 미국 북동부의 다른 도시보다 겨울에 눈이 적게 오고 따뜻하지만, 1977년 한 차례 기록적인 계절 현상과 폭풍우로 눈의 도시라는 평판이 굳어졌다.
   a. 오하이오 영스타운
   b. 뉴욕 버펄로
   c. 뉴욕 시러큐스
   d. 캐나다 토론토

9. 다른 지진들이 더 치명적이긴 했지만, 1960년 이곳에서는 리히터 규모 9.5의 최고 측정치를 기록한 지진이 발생했다.
   a. 칠레
   b. 일본
   c. 중국
   d. 페루

10. 허리케인, 태풍, 사이클론은 모두 같은 종류의 폭풍이다. 그런데 무엇을 근거로 다른 이름을 갖게 될까?
   a. 속도
   b. 위치
   c. 계절
   d. 등급

최고의 동물

아래 동물들을 순서에 맞게 배열해보자.

속도 (빠른 것부터 순서대로)

- 타조
- 코요테
- 이구아나
- 치타
- 녹새치
- 아프리카코끼리

평균 임신 기간 (짧은 것부터)

- 쥐
- 고래
- 개
- 말
- 원숭이
- 코끼리

수명 (짧은 것부터)

- 말
- 늑대
- 코뿔소
- 코끼리거북
- 하마
- 고래
- 쥐

아시아에 살까? 아프리카에 살까?

1. 쿠두

2. 판다

3. 오카피

4. 야크

5. 오랑우탄

6. 리머

7. 맨드릴개코원숭이

8. 누

9. 거거

10. 쌍봉낙타

1. 2006년 영화에서, 한 FBI요원이 로스앤젤레스행 비행기에서 이 치명적인 생명체들을 마주한다.

    a. 뱀

    b. 거미

    c. 거머리

    d. 모기

2. 〈꼬마 돼지 베이브〉에서 주인공 베이브는 양치기 개의 보살핌을 받고, 양 치는 방법도 배운다. 베이브는 어떤 동물인가?

    a. 염소

    b. 돼지

    c. 소

    d. 오리

3. 1975년 〈조스〉는 뉴잉글랜드 어느 지역 주민들을 공포에 떨게 했을까?

    a. 마서즈 비니어드

    b. 아미티아일랜드

    c. 낸터킷

    d. 프로빈스타운

4. 〈라이프 오브 파이〉의 주인공은 배가 난파된 뒤로, 리처드 파커와 함께 277일 동안 바다에서 살아남는다. 리처드 파커는 누구일까?

    a. 형

    b. 원숭이

    c. 호랑이

    d. 상어

5. 〈프리 윌리〉에서 한 소년은 어떤 해양 포유동물을 구하기 위해 애쓸까?

    a. 바다표범

    b. 해달

    c. 돌고래

    d. 범고래

6. 〈정글북〉에서 모글리에게 최악의 적은 누구일까?

a. 발루

b. 쉬어칸

c. 바기라

d. 카아

7. 2005년 애니메이션 영화에서 줄리언 대왕이 〈아이 라이크 투 무브 잇〉을 부른 곳은 어디일까?

a. 마다가스카르

b. 하와이

c. 보르네오

d. 자메이카

8. 1966년작 〈야성의 엘자〉에서는 엘자를 기르고 야생으로 보내는 부부의 이야기가 펼쳐진다. 엘자는 어떤 동물인가?

a. 호랑이

b. 기린

c. 사자

d. 원숭이

9. 1963년작에서 알프레드 히치콕 감독은 거의 해를 끼치지 않는 이 동물을 이용해 우리를 공포에 질리게 만들었다.

a. 새

b. 나비

c. 고양이

d. 지렁이

10. 1996년작 〈101 달마시안〉에서 크루엘라 드 빌 역할을 맡았고, 오스카상을 받은 적이 없는 배우는 누구일까?

a. 제시카 랭

b. 엘렌 버스틴

c. 줄리앤 무어

d. 글렌 클로즈

저 위 하늘에는

각 목록에서 새를 순서에 맞게 배열해보자.

속도 (빠른 것부터 순서대로)

송골매

검독수리

비둘기

발톱날개기러기

벌새

수컷 날개폭 (큰 것부터)

흰머리독수리

그레이트블루헤론

캘리포니아콘도르

붉은꼬리말똥가리

송골매

알 크기 (큰 것부터)

울새

찌르레기

들종다리

청둥오리

굴뚝새

자연에 대한 위협

1. 이것의 존재를 부인하는 사람들도 있지만, 이 변화는 날씨에서 서식, 이산화 탄소 농도에 이르기까지 모든 것에 영향을 준다.

2. 어업, 농업, 산성비는 이것을 발생시켜서 생물 다양성 손실을 초래했다.

3. 화학물질과 플라스틱은 이런 환경 문제를 일으키는 주요원인이다.

4. 인간이 사용 가능한 것은 1% 미만이기에, 이것의 부족 현상은 대부분 남용으로 인해 일어난다.

5. 꾸준한 인구 증가로 지구의 무엇에 지속불가능한 유출을 발생시키고 있을까?

6. 이 관행을 통해서 농업은 기후와 생물 다양성을 모두 파괴하고 있다.

7. 상아를 얻으려고 코끼리를 밀렵하고, 치료 효과가 있다고 믿어지는 뿔을 얻기 위해 이 동물을 밀렵한다.

8. 해양 생물의 생존 능력에 가장 큰 위협은 무엇일까?

9. 아시아코끼리는 1만 년 전에 멸종한 이 동물의 가장 가까운 친척이다.

10. 많은 사람이 인구 과잉이 지구에 가장 큰 위협이라고 하지만, 가장 큰 문제를 일으키는 원인은 지나친 이것이다.

우리가 숨쉬는 공기

1. 공기는 주로 어떤 기체로 이루어져 있을까?

    a. 산소

    b. 질소

    c. 아르곤

    d. 이산화탄소

2. 식물의 광합성에서 공기로 방출되는 부산물은?

    a. 산소

    b. 질소

    c. 이산화탄소

    d. 일산화탄소

3. 고기압에서 저기압으로 공기가 이동하면 어떤 결과가 발생할까?

    a. 엘니뇨

    b. 온도강하

    c. 바람

    d. 천둥

4. 오존 열화, 지속적인 부유 분진 오염, 단기적 부유 분진 오염 등 대기오염의 모든 범주에서 가장 오염된 주는 어디일까?

    a. 뉴욕

    b. 캘리포니아

    c. 펜실베이니아

    d. 오하이오

5. 모욕적이라고 말하는 사람들도 있지만, 어쨌든 산업화된 중국의 짙은 스모그는 이런 표현을 만들어냈다.

    a. 대만 간지럼

    b. 베이징 검은 폐

    c. 중국 질식

    d. 베이징 기침

6. 공기 중에 발견되는 비-가스상 입자를 뭐라고 부를까?

    a. 에어로졸

    b. 유출

    c. 오염물질

    d. 분자

7. 상대습도가 100%면 어떤 일이 일어날까?

    a. 땀을 더 흘린다.

    b. 비가 온다.

    c. 구름이 형성된다.

    d. 기온이 상승한다.

8. 기압이 가장 높은 경우는?

    a. 산꼭대기에서

    b. 비행기 안에서

    c. 해수면에서

    d. 동굴 안에서

9. 공기는 우리를 살아 있게 해줄 뿐만 아니라, 우리를 무엇으로부터 지켜줄까?

    a. 극단적인 온도

    b. 과도한 햇빛

    c. 홍수

    d. 온실효과

10. 대기오염의 주요 원인이 아닌 것은?

    a. 산업에서 나오는 배출가스

    b. 화석연료 연소

    c. 삼림 벌채

    d. 전기자동차

미국의 주

각 목록의 항목을 제시되는 주의 순서에 맞추어 배열해보자.
뉴욕, 일리노이, 알래스카, 뉴멕시코, 몬태나, 루이지애나, 메인

주의 상징 새

사할린뇌조	북부홍관조
브라운펠리컨	박새
이스턴블루버드	로드러너
들종다리	

주의 상징 꽃

비터루트	유카플라워
스트로브잣나무	목련
물망초	장미
제비꽃	

주 상징 나무

시트카가문비나무	낙우송
스트로부스소나무	사탕단풍
피논소나무	폰데로사소나무
떡갈나무	

동물원 이야기

1. 어린이들이 동물과 교감할 수 있도록 만들어놓은 공간으로 주로 가축들이 있는 곳은?

2. 1985년 동물원수족관협회는 회원 인증을 의무화하도록 내규를 변경했다. 초기에는 75%의 회원을 잃었지만, 그 변화를 통해 무엇의 증가를 가져왔을까?

3. 연구와 오락 외에 현대 동물원의 주요 기능은 무엇일까?

4. 마지막 태즈메이니아타이거가 살았던 호바트 동물원은 어느 대륙에 있을까?

5. 동물원에서는 결코 볼 수 없는 가장 덩치가 큰 생명체는?

6. 어린이 입장료가 가장 비싼 동물원은 씨월드다. 씨월드가 있는 세 주는?

7. 1939년 전쟁이 일어났을 때, 이 도시의 동물원에서는 혹시 폭격을 당해 동물들이 탈출할 경우를 대비해 독이 있는 동물들을 죽였다.

8. 지금은 동물원에서 볼 수 없지만, 20세기 초에는 이 생명체들이 종종 전시되었다.

9. 동물원에 있는 이 동물은 중국에서 큰돈을 받고 대여해준 것이다.

10. 크리스토퍼 로빈 밀른은 런던 동물원의 곰을 즐겨 방문했다. 이 곰은 캐나다인 대위가 자신의 고향 도시 이름을 따서 이름을 지어주고 기증한 것이었다. 그 도시는 어디일까?

선사시대의 동물

1. 선사시대 동물은 언제 살았던 동물을 말할까?

    a. 인간이 살기 전에

    b. 빙하기 전에

    c. 인간이 기록을 시작하기 전에

    d. 공룡이 살아 있었을 때

2. 공룡과 가장 가까운 것은?

    a. 어류

    b. 조류

    c. 개

    d. 코뿔소

3. 이 무기의 이름은 치명적인 고양이의 이름에도 등장한다.

    a. 칼

    b. 래피어(양날칼)

    c. 면도칼

    d. 세이버(기병도)

4. 소수의 공룡들이 모든 주목을 받는다. 고생물학자들이 지금까지 확인한 공룡은 몇 종류일까?

    a. 70

    b. 700

    c. 7,000

    d. 70,000

5. 차를 부술 정도로 강한 턱을 가진 메갈로돈은 거대한 이 동물이었다.

    a. 공룡

    b. 새

    c. 상어

    d. 곰

6. 현재 아프리카의 이 동물보다 예전 아메리카의 이 동물의 몸집이 20% 더 컸다. 어떤 동물일까?

　a. 표범

　b. 하이에나

　c. 사자

　d. 치타

7. 회색곰 크기의 에피콘은 이 흔한 동물 과 중에서 가장 큰 동물이었다.

　a. 개

　b. 고양이

　c. 소

　d. 말

8. 티라노사우루스렉스가 사라지자, 치명적인 '테러버드'가 어느 대륙을 지배했을까?

　a. 북아메리카

　b. 남아메리카

　c. 아프리카

　d. 아시아

9. 다음 중에서 선사시대 대멸종의 원인이 아닌 것은?

　a. 유성 충돌

　b. 빙하기

　c. 화산 폭발

　d. 인간의 개입

10. 공룡들은 빠르게 멸종했을 수 있지만, 그 이전까지 얼마나 오랜 기간 존재했을까?

　a. 500만 년

　b. 1,500만 년

　c. 5,000만 년

　d. 1억 5,000만 년

타고난 살해자

1. 식물과 동물의 독은 어떤 기능을 할까?

2. 북아메리카와 이 대륙에는 독을 가진 동물들이 가장 적게 산다.

3. 제리코의 꽃으로 알려진 이 화려한 식물은 아시아에서 유래했고, 꽃꿀 바로 아래까지 독성이 있다.

4. 이 생명체는 아프리카에서 가장 독성이 강한 뱀이다.

5. 소크라테스는 이 식물의 즙을 마시는 형에 처해졌다.

6. 이름도 예쁘고 흰 방울 모양 꽃도 예쁘지만, 이 식물은 치명적일 수 있다.

7. 독사를 걱정하는 사람도 있다. 가장 치명적인 독을 가진 10대 독사 대부분은 어디에 살까?

8. 세르베라 오돌람은 '자살나무'라는 별명이 있을 정도로 강력하다. 인도에 사는 사람들은 이 식물이 어디에 유용하다는 것을 알아냈을까?

9. 이 작은 양서류는 지구에서 가장 독성이 강한 척추동물이다.

10. 이 식물은 감자, 토마토와 관련되어 있지만, 훨씬 더 강력하다.

약초

1. 식물과 약용식물에 관한 연구를 무엇이라고 할까?

　a. 자연주의

　b. 약초학

　c. 식물학

　d. 식물성의약품

2. 양귀비는 의학적으로 모르핀과 유사하게 무엇을 억제하기 위해 사용할까?

　a. 종양의 성장

　b. 심장박동 이상

　c. 통증

　d. 우울증

3. 코카나무는 중독성 높은 이것의 원천이다.

　a. 헤로인

　b. 초콜릿

　c. 코카인

　d. 코데인

4. 불법적인 아편 양귀비 재배가 가장 많은 곳은?

　a. 인도

　b. 아프가니스탄

　c. 멕시코

　d. 미얀마

5. 디기탈리스 식물에서 추출한 약은 무엇을 치료하는 데 쓸까?

　a. 심장질환

　b. 암

　c. 피부병

　d. 불안증

6. 이 식물의 조직은 화상을 완화한다.

    a. 바닐라

    b. 강황

    c. 알로에베라

    d. 미나리아재비

7. 일반적으로 의료용 마리화나를 이용해 치료하는 증상이 아닌 것은?

    a. 녹내장

    b. 통증

    c. 메스꺼움

    d. 암

8. 이 관목에서 추출한 물질은 소독에 효과가 좋고, 수렴제에도 들어 있다.

    a. 카모마일

    b. 인삼

    c. 하마메리스

    d. 세이지

9. 처방전 없이 구입할 수 있는 이 관목의 추출물이 심하지 않은 우울증을 치료할 수 있다는 증거가 있다.

    a. 성요한초

    b. 에키네이셔

    c. 혈근초

    d. 세이지

10. 민속식물학은…

    a. 다른 지역에서 약물이 어떻게 다르게 작용하는지 연구한다.

    b. 실제 이용하는 토종식물을 연구한다.

    c. 약효를 위한 식물 돌연변이를 연구한다.

    d. 약용 허브차를 연구한다.

국립공원

1. 1916년 국립공원관리국을 신설한 미국 대통령은?

2. 국립공원은 의회법으로 지정되어야 한다. 1872년 최초로 설립된 국립공원은 어디일까?

3. 국립공원이 가장 많은 주는?

4. 콜로라도 강에 의해 깎인 거대한 협곡은?

5. 북아메리카에서 가장 높은 산과 이름이 같은 이 공원은?

6. 리오그란데강의 굽이진 모습을 보고 이 공원의 이름을 정했다.

7. 이 공원에서 가장 두드러지는 특징은 120마일 길이의 동굴을 비롯한 117개의 크고 작은 동굴이다.

8. 이 새로운 국립공원에는 보호할 자연적 요소가 없다.

9. 자연보호주의자 대통령 시어도어 루스벨트의 이름을 딴 이 공원은 어느 주에 있을까?

10. 록키마운틴을 제외하고 산의 이름을 딴 국립공원을 말해보자.

멸종 위기

1. 과학자들에 따르면 인간은 몇 번째 대멸종을 불러오고 있을까?

    a. 세 번째

    b. 네 번째

    c. 다섯 번째

    d. 여섯 번째

2. 다음 중 멸종을 촉진하는 인간의 활동이 아닌 것은?

    a. 지속 불가능한 사냥과 밀렵

    b. 도시 개발

    c. 인구 증가

    d. 오염

3. 매년 약 1~5종이 자연멸종되고 있다. 현재 멸종 속도는 몇 배일까?

    a. 10

    b. 100

    c. 1,000

    d. 10,000

4. 이 동물의 남은 5종도 멸종 위기에 처해 있다. 자바종과 수마트라종은 100마리가 채 되지 않는다. 어떤 동물일까?

    a. 코뿔소

    b. 코끼리

    c. 땅돼지

    d. 고릴라

5. 희귀종 표범인 아무르는 현재 야생에 100마리도 남아 있지 않다. 어느 대륙에 있을까?

    a. 남아메리카

    b. 아시아

    c. 유럽

    d. 오스트레일리아

6. 이 동물은 25년 이상 야생에서 발견되지 않았기 때문에 기능적으로 멸종했다고 간주한다.

    a. 남중국호랑이

    b. 가죽등거북이

    c. 수마트라 오랑우탄

    d. 사올라

7. 과학자들은 인간에게 가장 큰 멸종 위협이 무엇이라고 말하나?

    a. 기술

    b. 제3차 세계대전

    c. 세계적인 유행병

    d. 자연재해

8. 2016년의 〈정글북〉에는 세계에서 가장 많이 밀매되는 포유류에 속하는 이것이 등장했다.

    a. 아프리카코끼리

    b. 판골린

    c. 눈표범

    d. 코뿔소

9. 2006년에 이 양쯔강 돌고래는 멸종된 것으로 선언되었다. 이는 인간이 멸종시킨 첫 번째 돌고래종이라고 한다.

    a. 필스

    b. 프레이저스

    c. 바이지

    d. 보틀넥노즈

10. 세계에서 가장 희귀한 이 해양포유동물은 1958년까지도 공식적으로 멸종위기 동물로 지정되지 않았다.

    a. 서인도 해우류

    b. 참고래

    c. 지중해 몽크물범

    d. 바키타돌고래

으스스하게 꼬물꼬물

1. 곤충과 거미는 절지동물이다. 무엇이 없다는 뜻일까?

2. 피터 파커를 문 거미는 그를 스파이더맨으로 변신시켰다. 독은 없었지만 무엇이 있었나?

3. 더듬이가 있는 것은 곤충일까, 거미일까?

4. 씹고 빨 수 있도록 변형된 입을 가진 곤충은 무엇일까?

5. 38,000종의 거미 대부분은 이곳에는 살지 않는다.

6. 지네 다리는 100개가 안 되거나 넘을 수도 있지만, 딱 100개는 아니다. 왜 그럴까?

7. 참? 거짓?: 히말라야의 추운 봉우리에는 곤충이 없다.

8. 거미의 피는 무슨 색일까?

9. 곤충의 몸은 어떤 세 부분으로 나뉠까?

10. 어떤 벌레들은 쌀알만 한 이것에서 부화한다.

물, 물, 어디에나

1. 지금 지구에는 이 세상이 시작되었을 때보다 더 많은 물이 있을까? 아닐까?
   a. 더 많다.
   b. 더 적다.
   c. 똑같다.
   d. 알 수 없다.

2. 물을 구성하는 두 가지는?
   a. 질소와 수소
   b. 수소와 산소
   c. 질소와 산소
   d. 위에 나온 것은 다 아니다.

3. 인간은 음식을 먹지 않고 한 달 정도 버틸 수 있다. 물이 없다면 얼마나 버틸까?
   a. 하루
   b. 3일
   c. 일주일
   d. 2주

4. 물은 우리 몸의 66%를 차지하는 만큼 하는 일도 많다. 다음 중 물이 하는 역할이 아닌 것은?
   a. 관절을 보호해준다.
   b. 심박수를 조절해준다.
   c. 체온을 조절해준다.
   d. 노폐물을 제거해준다.

5. 1갤런 물통을 들고 이두박근 운동을 한다면, 몇 파운드를 들어올리는 셈일까?
   a. 5
   b. 8
   c. 10
   d. 15

6. 다음 중에서 수분 함량이 가장 적은 것은?

    a. 수박

    b. 오이

    c. 바나나

    d. 애호박

7. 주방에서 물을 절약하기에 적절한 방법은?

    a. 고기를 덜 먹는다.

    b. 손으로 설거지한다.

    c. 쓰레기가 많이 나오지 않도록 경제적으로 장을 본다.

    d. 수돗물을 마신다.

8. 100년 기간 동안, 물 분자 1개는 대기에서 얼마나 많은 시간을 보낼까?

    a. 하루

    b. 일주일

    c. 한 달

    d. 1년

9. 물에 대한 사실이 아닌 것은?

    a. 너무 많이 마시면 목숨을 잃을 수 있다.

    b. 다른 어떤 액체보다 더 많은 물질을 녹일 수 있다.

    c. 얼면 부피가 25% 팽창한다.

    d. 기원전 3000년경에도 물로 인한 갈등이 있었다는 기록이 있다.

10. 병에 든 생수에 대해 증명된 사실은?

    a. 수돗물보다 안전하다.

    b. 평균적으로 수돗물보다 2,000배 더 많은 비용이 든다.

    c. 수돗물보다 더 철저히 시험한다.

    d. 미국인들은 물병 대부분을 재활용한다.

꽃의 힘

1. 꽃은 왜 이렇게 예쁘게 보이고 향기로울까?

2. 타이탄 아룸 또는 시체꽃을 수분시키는 것은 무엇일까?

3. 녹색채소 중에서 꽃인 것은?

4. 오스만 제국에게 선물로 받은 튤립은 이 나라에서 잘 자란다. 한때는 튤립이 이 나라 수익의 많은 부분을 담당했다.

5. 미국의 국화는 1979년 베트 미들러가 출연한 영화의 제목이기도 하다.

6. 연중 꽃 판매가 가장 많은 휴일은 언제일까?

7. 꽃을 지탱하고 있는 것처럼 보이는 초록색 꽃잎 모양의 구조물의 이름은?

8. 매년 7월, 눈으로 유명한 이 도시는 미국에서 가장 큰 정원 산책로를 연다.

9. 향신료 사프란은 가을에 피는 이 꽃과 같은 종류인데 꽃이 붉은색이다.

10. 찰스 다윈이 '고약한 미스터리'라고 부른 것은 무엇일까?

짝짓기

1. 일부일처제인 동물은?

    a. 비버

    b. 보노보

    c. 사자

    d. 북극곰

2. 이 곤충은 짝짓기 기간 동안 암컷 먹이의 60%가 수컷이다.

    a. 흰개미

    b. 귀뚜라미

    c. 사마귀

    d. 잠자리

3. 꿀벌은 짝짓기 후에 신체 손상으로 사망한다. 다음 중 관련 설명으로 맞는 것은?

    a. 태어난 지 5일 후에 짝짓기를 한다.

    b. 한 번에 암컷 2마리와 짝짓기를 한다.

    c. 꽃 위에서 짝짓기를 한다.

    d. 비행하며 짝짓기를 한다.

4. 수컷 기린이 암컷이 짝짓기할 준비가 되었는지 아는 방법은?

    a. 암컷의 소변을 맛본다.

    b. 암컷이 박치기를 한다.

    c. 암컷이 수컷에게 소변을 본다.

    d. 암컷이 수컷의 목을 감싼다.

5. 정원달팽이가 짝짓기를 하면 어떤 일이 일어날까?

    a. 한쪽은 임신하고 다른 쪽은 죽는다.

    b. 수정하기 위해 서로 싸운다.

    c. 끝나기 전에 지루해한다.

    d. 둘 다 임신한다.

6. 회색고래는 수컷 두 마리가 암컷 한 마리와 교미한다. 왜 그럴까?

　　a. 두 마리가 있으면 수정 가능성도 높아진다.

　　b. 두 번째 수컷이 암컷을 제자리에 있도록 잡아주는 역할을 한다.

　　c. 두 번째 수컷이 우세한 수컷을 위해 암컷을 찾아주는 역할을 한다.

　　d. 암컷 회색고래는 수컷 한 마리와는 교미하지 않는다.

7. 자이언트판다 사육이 어려운 이유가 아닌 것은?

　　a. 새끼 판다는 완전히 무력하다.

　　b. 자이언트판다는 1년에 한 번만 배란한다.

　　c. 수컷 판다는 발기하기가 어렵다.

　　d. 판다는 유산 비율이 매우 높다.

8. 이 동물은 새끼들을 독립시키는 데 시간이 너무 오래 걸려서, 한 번에 새끼 세 마리가 각각 다른 과정을 거치고 있을 수도 있다. 하나는 태어나기를 기다리고, 하나는 막 태어나고, 다른 하나는 젖을 떼고 있을지도 모른다.

　　a. 캥거루

　　b. 나무늘보

　　c. 코알라

　　d. 에뮤

9. 초롱아귀는 대부분 암컷만 발견된다. 왜냐하면…

　　a. 수컷은 짝짓기 후에 죽기 때문이다.

　　b. 수컷은 살아남기 위해 암컷으로 흡수되기 때문이다.

　　c. 수컷은 어획이 많이 되기 때문이다.

　　d. 암컷이 정자를 훔친 다음 수컷을 죽이기 때문이다.

10. 2005년작 다큐멘터리 〈펭귄-위대한 모험〉에 등장하는 이 펭귄은 1년에 한 번만 짝을 만나고, 다시 가족을 만나기 위해 70마일을 이동하기도 한다.

　　a. 아프리카 펭귄

　　b. 로열 펭귄

　　c. 황제 펭귄

　　d. 왕 펭귄

1. 이 닥터 수스 이야기는 환경에 인간이 미치는 영향에 대한 우려를 전한다.

2. 이 작가는 에베레스트 등정에 관한 책 『희박한 공기 속으로』를 비롯하여 자연으로 떠나는 모험에 관한 이야기를 많이 집필했다.

3. 공상과학의 고전인 이 작품에서 인간은 더 이상 지배적인 종이 아니다.

4. 톰 행크스가 무인도에 혼자 남겨진 사람을 연기한 〈캐스트 어웨이〉 같은 영화는 어떤 종류의 문학적 갈등을 보여주는 예일까?

5. 오스카상 수상작 〈불편한 진실〉은 기후변화를 다룬 다큐멘터리 작품이다. 이 작품에는 대통령 후보였던 이 사람이 등장한다.

6. 2006년 작품 〈헷지〉에 등장하는 동물들은 어떤 이유에서 서식지를 잃게 되었을까?

7. 디스커버리채널에서 다섯 시즌 동안 방영된 이 쇼의 제목은 극한 날씨를 찾아다니는 사람들을 뜻한다.

8. 『종의 기원』을 쓴 이 과학자의 일기에는 『비글호 항해기』라는 제목이 붙여졌다.

9. 반려동물과 야생동물에 대한 시리즈와 다큐멘터리를 주로 방송하는 이 채널은?

10. 앨런 와이즈먼은 『인간 없는 세상』에서 우리가 없는 동안 가장 오래 남아 있을 인간의 유물은 방사능과 플라스틱, 청동, 그리고 무엇이라고 예견할까?

흙, 바람, 불

1. 타기 위해 불이 필요하지 않은 것은?

    a. 산소

    b. 열

    c. 연료

    d. 부싯돌

2. 바람이 필요하지 않은 스포츠는?

    a. 스케이트보드

    b. 연날리기

    c. 패러글라이딩

    d. 항해

3. 지구에서 가장 풍부한 원소는?

    a. 산소

    b. 마그네슘

    c. 철

    d. 규소

4. 자연적 산불의 원인이 아닌 것은?

    a. 화산폭발

    b. 건조한 기후

    c. 번개

    d. 방화

5. 풍속을 측정하기 위한 척도는 1805년에 그것을 고안한 영국 해군 장교의 이름을 따서 명명되었다. 무엇일까?

    a. 보퍼트

    b. 리히터

    c. 고도

    d. 랭킨

6. 마리아나 해구는 무엇인가?

    a. 지구에서 가장 깊은 지점

    b. 지구에서 가장 추운 지점

    c. 타이태닉호가 침몰한 지점

    d. 영국 록 밴드

7. 풍력 에너지의 특징은?

    a. 주로 열 공급에 사용된다.

    b. 물을 사용하지 않는다.

    c. 비용이 들지 않는다.

    d. 완전히 새로운 기술이다.

8. 지구에 대한 사실이 아닌 것은?

    a. 지구의 나이는 46억 살이다.

    b. 위성을 1개 가진다.

    c. 평균 지면 온도는 화씨 55도다.

    d. 완전한 구체다.

9. 1910년에 발생한 대화재는 단일 화재 사건으로서는 미국 역사상 가장 큰 규모였다. 이 여파는 캐나다까지 미쳤고, 다음 세 주를 강타했다.

    a. 아이다호, 몬태나, 워싱턴

    b. 오리건, 워싱턴, 캘리포니아

    c. 아이다호, 오리건, 캘리포니아

    d. 워싱턴, 오리건, 아이다호

10. 지구 표면에서 부분적으로 혹은 전체적으로 사막인 부분의 비율은?

    a. 15%

    b. 2%

    c. 33%

    d. 50%

5장

대중문화

사랑과 웃음

1. 〈프렌즈Friends〉가 10회의 시즌을 마쳤을 때, 확실한 커플이 아니었던 쌍은?

    a. 로스와 레이첼

    b. 챈들러와 모니카

    c. 조이와 재니스

    d. 마이크와 피비

2. 〈프레이저Fraiser〉의 작가들은 결혼이라는 작은 난관의 도움을 받아, 여섯 시즌 동안 나일스와 대프니를 떨어뜨려놓았다. 나일스의 아내는 누구였을까?

    a. 메리스

    b. 메리골드

    c. 마사

    d. 메리앤

3. 〈빅뱅이론The Big Bang Theory〉의 셸던과 에이미는 어떻게 만났을까?

    a. 온라인으로

    b. 과학박람회에서

    c. 드럭스토어 줄에서

    d. 소개팅을 하다가

4. 〈내가 그녀를 만났을 때How I Met Your Mother〉에서 바니와 진지한 관계가 아니었던 사람은?

    a. 퀸

    b. 노라

    c. 로빈

    d. 지나

5. 훗날 시트콤 스타가 되는 크리스틴 데이비스(〈섹스 앤 더 시티Sex and the City〉)와 커트니 콕스(〈프렌즈〉), 데브라 메싱(〈윌 앤 그레이스Will and Grace〉)은 모두 〈사인필드Seinfeld〉에서 어떤 등장인물의 여자친구 역할로 출연했을까?

    a. 조지

    b. 크레이머

    c. 제리

    d. 뉴먼

5장의 질문에 대한 정답은 295쪽부터 차례대로 찾을 수 있다.

6. 〈더 오피스The Office〉의 팸과 짐이 놀라운 결혼식을 올리는 명소는 어디일까?

    a. 라스베이거스

    b. 그랜드캐니언

    c. 나이아가라 폭포

    d. 애틀랜틱시티

7. 〈모던 패밀리Modern Family〉의 헤일리는 앤디에게 자신의 감정을 밝힌다. 마침 앤디는 어떤 수술을 받고 의식이 없는 상태였을까?

    a. 정관수술

    b. 맹장수술

    c. 전두엽절제술

    d. 자궁절제술

8. 다음 중에서 실제로 결혼한 부부가 출연한 시트콤은?

    a. 〈결혼이야기Mad about You〉

    b. 〈조니 러브스 차치Joanie Loves Chachi〉

    c. 〈올 인 더 패밀리All in the Family〉

    d. 〈왈가닥 루시I Love Lucy〉

9. 〈치어스Cheers〉의 파일럿 에피소드에서 샘과 다이앤 사이에는 애증의 불꽃이 타오르지만, 다이앤은 이미 자신의 교수와 약혼한 상태다. 교수의 이름은?

    a. 섬너 슬론

    b. 프레이저 크레인

    c. 알리스테어 소이어

    d. 포스터 브룩스

10. 〈섹스 앤 더 시티〉에서 남편이 되지 않는 사람은?

    a. 빅

    b. 스티브

    c. 스미스

    d. 해리

밀레니엄 시대의 음악가들

1. 미국 역사에 관한 뮤지컬 〈해밀턴〉은 브로드웨이의 새 역사를 쓴 작품이다. 이 작품의 작가는 누구일까?

2. 가수 활동에 전념하기 위해 〈데그라시: 더 넥스트 제너레이션Degrassi: The Next Generation〉에서 하차한 캐나다 출신 가수는?

3. 카네이 웨스트의 회사명은 그의 어머니 이름에서 따왔다. 회사 이름은 무엇일까?

4. 비욘세의 얼터 에고 사샤 피어스와 준 카터를 조합한 사샤 카터는 누구의 얼터 에고일까?

5. 〈서바이버〉 시즌 32의 마지막회에 출연해 참가자에게 십만 달러를 수여하면서 세상을 깜짝 놀라게 한 가수는?

6. 크다는 뜻의 이름을 가졌지만, 실제 키는 152cm인 가수는?

7. 2015년, 코미디 센트럴 채널의 〈로스트Roast〉에 역대 최연소로 출연한 사람은?(그는 이 일에 대해 직접 트윗도 했다.)

8. 2019년 빌보드 뮤직어워드를 진행한 〈아메리칸 아이돌American Idol〉 우승자는 누구일까?

9. 비욘세가 노래 제목에 사용한 뒤로 옥스퍼드 영어 사전에 등재될 정도로 널리 알려지게 된 단어는 무엇일까?

10. 1993년, 브리트니 스피어스와 라이언 고슬링, 크리스티나 아길레라, 저스틴 팀버레이크가 출연한 디즈니 채널의 시리즈는 무엇일까?

한 단어로 거머쥔 오스카

각 목록의 오스카 수상작들을 순서대로 배열해보자.

수상 연도 (이른 것부터 순서대로)

· 〈문라이트〉
· 〈크래쉬〉
· 〈브레이브하트〉
· 〈타이타닉〉
· 〈시카고〉
· 〈버드맨〉

후보 선정 횟수 (적은 것부터)

· 〈문라이트〉
· 〈크래쉬〉
· 〈브레이브하트〉
· 〈타이타닉〉
· 〈시카고〉
· 〈버드맨〉

박스오피스 총 수익 (백만 달러 단위로 어림하여 적은 것부터)

· 〈문라이트〉
· 〈크래쉬〉
· 〈브레이브하트〉
· 〈타이타닉〉
· 〈시카고〉
· 〈버드맨〉

2019년 즈음의 은어

1. 최신 가십을 가리키는 용어로, 뜨거울수록 좋다.
    a. 커피coffee
    b. 차tea
    c. 타말리tamales
    d. 소스sauce

2. 이 단어는 과장되거나 지나치다는 뜻이고, 꼭 좋은 의미만은 아니다.
    a. 쏘 드라마so drama
    b. 엑스트라extra
    c. 룩앳미look-at-me
    d. 하이 메인터넌스high maintenance

3. 무언가 주류이고 예상 가능한 것을 묘사할 때 이 단어를 사용한다.
    a. 스누저파이드snoozafied
    b. 바닐라vanilla
    c. 베이직basic
    d. 스테이크 위드아웃 더 시즐steak without the sizzle

4. 예전에는 '핫 투 트롯hot to trot'('성욕으로 안달이 난'이라는 뜻-옮긴이)이라고 표현하던 것을 요즘에는 이렇게 말한다.
    a. 헝그리hungry
    b. 시킹seeking
    c. 온 더 메이크on the make
    d. 서스티thirsty

5. 누군가가 사회적 정의의 뉘앙스를 알고 있다면, 어떤 사람일까?
    a. woke(깨어 있는)
    b. educated(교육받은)
    c. politically correct(정치적으로 올바른)
    d. in the know(정통한)

6. 무언가가 정말로 일어나고 있을 때 그것은 어떤 상태라고 표현할까?

    a. 커들스^{kurdles}

    b. 스매싱^{smashing}

    c. 온 파이어^{on fire}

    d. 리트^{lit}

7. 무언가를 원하지만 그것을 원하는 것에 대해 염려스러운 기분이라면, 그 원하는 대상은 어떤 것이라고 표현할까?

    a. an aberration(일탈)

    b. a guilty pleasure(죄의식이 드는 즐거움)

    c. low-key(삼가는)

    d. subliminal(잠재의식의)

8. 가장 친한 친구를 몹시 화나게 했다면, 다음에 만날 때 그 친구는 약간 어떤 상태일까?

    a. 티드 오프^{teed off}

    b. 비터 베티^{bitter Betty}

    c. 카드피시트^{codfished}

    d. 솔티^{salty}

9. 누군가를 무시한다면, 그 사람에게 무엇을 던지는 것일까?

    a. shade(그늘)

    b. the gauntlet(갑옷용 장갑)

    c. a lasso(올가미 밧줄)

    d. dirt(먼지)

10. 데이트 앱의 상대에게 답하기를 멈춰버렸을 때, 어떻게 했다고 표현할까?

    a. 풀드 어 블레인^{pulled a Blaine}

    b. 에이트 더 스피릿^{ate the spirit}

    c. 페이디드 아웃^{faded out}

    d. 고스티드^{ghosted}

집에 전화해

1. 휴대전화기에 있는 소프트웨어를 뭐라고 할까?

2. 스마트폰 사용자는 하루 평균 전화기를 몇 번이나 만질까? 240번? 2,400번? 24,000번?

3. 이것을 휴대전화기 뒤에 붙이면 잡기 쉽고, 글자를 입력하기도 수월하다.

4. 사람들은 스마트폰으로 동영상 보기와 음악 듣기 중에서 무엇을 더 많이 할까?

5. 아이폰은 새로운 운영체제에 오름차순으로 숫자를 붙이지만, 안드로이드는 보통 무엇에서 이름을 따올까?

6. 그녀에게 '인생의 의미가 뭐야?'라고 묻는다면, 아마도 "사람들에게 친절하게 대하도록 노력하세요. 지방 섭취는 피하고, 이따금 좋은 책을 읽어요…"라고 대답할 것이다. 그녀는 누구일까?

7. 사람들은 한때 이 행위를 못마땅하게 생각했지만, 이제는 그것보다 스마트폰을 하는 데 더 많은 시간을 보낸다.

8. 스마트폰의 출현으로 스마트폰 사용자의 반은 더는 이것을 착용하지 않는다. 무엇일까?

9. 버라이즌을 비롯한 다른 회사들은 한동안 애플이 통제하는 아이폰을 취급하기를 꺼렸다. 그 시기 어떤 회사가 아이폰 판매 독점권을 가지고 있었나?

10. 노모포비아nomophobia는 무엇일까?

최고의 텔레비전 프로그램

각 목록의 인기 텔레비전 시리즈를 순서에 맞게 배열해보자.

시대별 시트콤 (이른 것부터 가장 최근 것까지 순서대로)

· 〈아빠 뭐하세요Home Improvement〉
· 〈올 인 더 패밀리All in the Family〉
· 〈치어스Cheers〉
· 〈빅뱅이론The Big Bang Theory〉
· 〈비버리 힐빌리즈The Beverly Hillbillies〉
· 〈왈가닥 루시I Love Lucy〉

리얼리티 프로그램 첫 방영일 (이른 것부터 가장 최근 것까지 순서대로)

· 〈몰래 카메라Candid Camera〉
· 〈데이팅 게임The Dating Game〉
· 〈티비스 블루퍼스 앤 프랙티컬 조크TV's Bloopers and Practical Jokes〉
· 〈톱 캅스Top Cops〉
· 〈4차원 가족 카다시안 따라잡기Keeping Up with the Kardashians〉
· 〈서바이버Survivor〉
· 〈디스 올드 하우스This Old House〉

주간 프로그램 미국 방영 기간 (짧은 것부터)

· 〈미트 더 프레스Meet the Press〉
· 〈새터데이 나이트 라이브Saturday Night Live〉
· 〈건스모크Gunsmoke〉
· 〈더 원더풀 월드 오브 디즈니The Wonderful World of Disney〉
· 〈먼데이 나이트 풋볼Monday Night Football〉
· 〈노츠 랜딩Knots Landing〉

일간 프로그램 미국 방영 기간 (짧은 것부터)

· 〈스포츠센터SportsCenter〉
· 〈가이딩 라이트Guiding Light〉
· 〈제퍼디!Jeopardy!〉
· 〈오프라 윈프리 쇼The Oprah Winfrey Show〉
· 〈투데이Today〉
· 〈더 투나잇 쇼The Tonight Show〉

자동차를 타고 시간 여행

1. "드로리안으로 타임머신을 만드셨다는 말씀이세요?"라는 유명한 대사를 남긴 영화는?

a. 〈백 투 더 퓨처〉   b. 〈닥터 후〉

c. 〈타임캅〉   d. 〈타임머신〉

2. 면도기 마하5는 누구나 사용할 수 있다. 그런데 마하5를 몰 수 있는 사람은 누구일까?

a. 원더우먼

b. 피터 밴크맨

c. 맥스웰 스마트

d. 스피드 레이서

3. 〈스쿠비 두〉에서 주인공들이 타는 승합차의 이름은?

a. 몬스터 몰러

b. 몬스터 모빌

c. 미스터리 머신

d. 메리 메들러

4. 〈나이트 무브스Night Moves〉에서 밥 시거는 1960년대의 자동차 뒷좌석에 대해 노래한다. 어떤 자동차일까?

a. 닷지

b. 뷰익

c. 셰비

d. 에드셀

5. TV 시리즈 〈스타스키와 허치〉에 출연한 폴 마이클 글레이저는 자신이 맡은 역할이 타는 밝은 빨간색의 1975년형 그랜토리노를 처음 보자마자 별명을 붙여주었다. 무엇일까?

a. 언더커버 체리

b. 줄무늬 토마토

c. 칠리 페퍼

d. 루돌프

6. 스테이션 왜건! 다음 가족들이 즐겨 타는 스테이션 왜건 자동차들을 순서대로 맞추어보자.
   〈브래디 번치The Brady Bunch〉의 브래디 가족, 〈70년대 쇼That '70s show〉의 포먼 가족, 〈휴가 대소동National Lampoon's Vaction〉의 그리스월드 가족
   a. 올즈모빌 비스타 크루저, 플리머스 새틀라이트, 포드 LTD 컨트리 스퀘어
   b. 포드 LTD 컨트리 스퀘어, 올즈모빌 비스타 크루저, 플리머스 새틀라이트
   c. 플리머스 새틀라이트, 포드 LTD 컨트리 스퀘어, 올즈모빌 비스타 크루저
   d. 플리머스 새틀라이트, 올즈모빌 비스타 크루저, 포드 LTD 컨트리 스퀘어

7. 비치보이스의 노래 〈펀, 펀, 펀Fun, Fun, Fun〉에서 그녀는 아빠가 티 버드를 가져가기 전까지 무엇을 '로마 전차 경주처럼 보일' 정도로 빠르게 몰았을까?
   a. 데이토나 500
   b. 인디 500
   c. 아이젠하워 고속도로
   d. 아우토반

8. 제임스 본드 007이 운전한 자동차 제조사가 아닌 것은?
   a. 애스턴 마틴
   b. 로터스
   c. 토요타
   d. 메르세데스-벤츠

9. 의인화! 스스로 생각하는 자동차가 아닌 것은?
   a. 키트
   b. 먼스터 코치
   c. 스피드 버기
   d. 허비 더 러브 벅

10. 2007년 실사영화 〈트랜스포머〉에 등장한 인물과 자동차의 짝이 맞지 않는 것은?
    a. 아이언하이드/ 포드 F-350
    b. 범블비/ 쉐보레 카마로
    c. 재즈/ 폰티악 솔스티스
    d. 옵티머스 프라임/ 피터빌트 379

유일한 히트곡

1. 글로리아 존스가 1965년 B면으로 발표한 이 곡은 소프트 셀이 1981년 신스팝으로 불렀고, 리아나의 2006년 싱글 〈SOS〉에도 샘플링되었다.

2. 1969년 그룹 스팀이 발표한 싱글 앨범 곡의 가사는 대부분 모르겠지만, 아마도 스포츠 경기에서 원정팀이 패하는 순간에는 우리 모두 이 노래의 후렴구를 따라 부를 것이다.

3. 네나Nena가 1984년 발표한 이 히트곡의 독일어판과 영어판에서는 모두 커크 함장이 언급된다. 하지만 독일어판 원곡에는 '빨간'이라는 말이 없다.

4. 엄밀히 말하면 토미 튜톤은 빌보드 톱40 차트에 1980년 싱글 〈앤젤 세이 노Angel Say No〉로 처음 진출했다. 하지만 이 밴드의 유일한 히트곡을 탄생시킨 것은 1년 뒤에 나온 〈제니Jenny〉였다. 그녀의 전화번호는 무엇이었을까?

5. 서파리스Surfaris의 1963년 싱글에는 오직 한 단어만 들어 있다. 곡 초입부에 나오는 이 말은 곡의 제목이기도 하다.

6. 슈거힐 갱은 1979년 히트한 이 곡에서 유명한 시크 그루브를 샘플링했고, 세상에 새로운 장르를 소개했다.

7. 립싱크Lipps Inc.는 이야기하고, 이야기하고, 이야기하고, 움직임에 대해 이야기하고, 마침내 1980년에 차트 1위로 직행했다. 이들은 우리를 어떤 마을로 데려갔나?

8. 우리가 1990년대 결혼식에 참석했다면 빌보드 1위에 몇 달을 머문 로스 델리오의 이 노래에 맞추어 춤추었을 가능성이 크다.

9. 그녀는 롤링 스톤스, 핑크 플로이드, 칼리 사이먼의 백업 보컬리스트가 되었지만, 도리스 트로이와 함께 쓴 이 곡은 1963년 톱10 차트에 올랐고 후에 홀리스, 앤 머레이, 린다 론스태트가 커버하기도 했다. 어떤 노래일까?

10. 1958년 발표한 로널드 앤 루비Ronald & Ruby의 싱글은 연인의 키스가 곡 제목의 이 간식보다 더 달콤하다고 주장한다. 허클베리 맛, 체리 맛, 라임 맛이 나는 이것도 키스보다 달콤하지는 않다.

닌텐도의 세계

다음 항목들을 순서대로 배열해보자.

시리즈 출시일 (이른 것부터 최근 것 순서로)

· 〈마리오 브라더스〉　　　　　· 〈스타 폭스〉
· 〈커비〉　　　　　· 〈젤다의 전설〉
· 〈메트로이드〉

배경

· 드림랜드　　　　　· 제베스 행성
· 하이랄　　　　　· 버섯 왕국
· 라일라트계

악당

· 바우저　　　　　· 안돌프
· 디디디 대왕　　　　　· 마더 브레인
· 가논

등장인물

· 루이지　　　　　· 링크
· 메타 나이트　　　　　· 사무스
· 팔코

디즈니 영화

1. 인어 에리얼은 사랑을 위해 이것과 인간의 다리를 맞바꾼다. 무엇일까?
   a. 그녀 아버지의 삼지창
   b. 그녀의 목소리
   c. 그녀의 아름다움
   d. 그녀의 보물 동굴

2. 〈미녀와 야수〉에서 야수는 벨에게 성 안에서 이곳만 제외하고 어디든 가도 좋다고 한다. 이곳은 어디일까?
   a. 도서관
   b. 서쪽 탑
   c. 다락
   d. 무기고

3. 엘렌 드제너러스는 〈니모를 찾아서〉에서 도리의 목소리 연기로 세상을 깜짝 놀라게 했다. 도리는 어떤 증상에 시달리고 있을까?
   a. 분노 조절 장애
   b. 불안
   c. 단기 기억상실
   d. 밀실공포증

4. 〈라이언 킹〉은 셰익스피어의 어떤 작품에서 영감을 얻었을까?
   a. 맥베스
   b. 로미오와 줄리엣
   c. 햄릿
   d. 줄리어스 시저

5. 1937년 개봉하여 디즈니 최초의 장편 극영화로 기록된 작품은?
   a. 〈백설 공주와 일곱 난쟁이〉
   b. 〈밤비〉
   c. 〈덤보〉
   d. 〈판타지아〉

6. 디즈니 최초로 아카데미 주제가상을 수상한 곡은?

　　a. 〈남부의 노래〉에서 '집-어-디-두-다Zip-a-Dee-Doo-Dah'(야호!)

　　b. 〈피노키오〉에서 '웬 유 위시 어폰 어 스타When You Wish Upon a Star'(별에게 소원을)

　　c. 〈라이온 킹〉에서 '캔 유 필 더 러브 투나잇Can You Feel the Love Tonight'(한국어판 노래:
　　　오늘 밤 사랑을 느낄 수 있나요?)

　　d. 〈알라딘〉에서 '어 홀 뉴 월드A Whole New World'(한국어판 노래: 아름다운 세상)

7. 1992년에 개봉한 영화는 흥행에 실패했지만, 2012년 브로드웨이에서는 성공
을 거둔 것은?

　　a. 〈시스터 액트〉

　　b. 〈노틀담의 꼽추〉

　　c. 〈뉴스보이〉

　　d. 〈에비타〉

8. '헌드레드 에이커 우드'에 살며 많은 사랑을 받고 있지만, 아직 장편영화의 주
인공이 되지 못한 캐릭터는?

　　a. 곰돌이 푸

　　b. 티거

　　c. 피글렛

　　d. 토끼

9. 존 굿맨과 빌리 크리스탈, 스티브 부세미가 목소리로 출연한 디즈니 애니메
이션 영화는?

　　a. 〈토이 스토리〉

　　b. 〈몬스터주식회사〉

　　c. 〈브라더 베어〉

　　d. 〈밋 더 로빈슨스Meet the Robinson's〉

10. "진정한 영웅의 척도는 강한 힘이 아니라, 강한 마음이다"라는 현명한 대사
가 나오는 디즈니 영화는?

　　a. 〈스카이 하이〉

　　b. 〈빅 히어로〉

　　c. 〈헤라클레스〉

　　d. 〈주먹왕 랄프〉

뉴욕에서… 생방송으로!

1. 그는 '오페라 맨'과 '케이준 맨'을 창조했다.

2. 크리스틴 위그가 연기하는 지나치게 열정적인 점원이 일하는 유명 마트는 어디일까?

3. 다나 카비는 영화 〈웨인즈 월드〉와 사탄을 두려워하는 어떤 캐릭터로 유명할까?

4. '커피 토크' 코너를 진행하는 마이크 마이어스의 린다 리치먼 캐릭터는 어떤 감정 상태로 유명했을까?

5. 리사 루프너와 토드 디라무카는 어떤 사람들이었을까?

6. 미스터 로저스를 도시적으로 패러디하여 미스터 로빈슨을 창조한 사람은 누구일까?

7. 케이트 맥키넌이 '라운드 테이블' 코너에서 맡은 별난 캐릭터는 누구였을까?

8. 정신없이 호언장담하다가 매번 '신경쓰지 마'라는 말로 마무리하는 사람은?

9. 그는 '피자에서 교황 찾기 대회'를 후원했다.

10. 마시 프로젝트 건물에서 아임 칠링 I'm chillin' 코너를 진행한 사람은?

오락의 역사

1. 윈도우의 카드 게임이 아닌 것은?
   a. 스파이더
   b. 프리셀
   c. 하트
   d. 지뢰찾기

2. 1980년 장난감 박람회에 첫선을 보인 이 당혹스러운 장난감은 세계에서 가장 잘 팔리는 장난감 순위에 꾸준히 들고 있다.
   a. 테트리스
   b. 루빅큐브
   c. 탱그램
   d. 인스턴트 인새니티

3. 바늘을 이용한 다음 취미 중에서 요즘 가장 인기가 적은 것은?
   a. 대바늘뜨기
   b. 코바늘뜨기
   c. 퀼트
   d. 십자수

4. 1909년 아메리칸 토바코 컴퍼니 발행의 이 카드는 수백만 달러를 호가하며 야구 카드의 성배로 간주된다. 이 카드에 인쇄된 선수는 누구일까?
   a. 미키 맨틀
   b. 호너스 와그너
   c. 베이브 루스
   d. 타이 콥

5. 코끼리 피넛, 범고래 스플래시, 오리너구리 패티는 모두 1990년대의 어떤 대유행의 일부였을까?
   a. 비니 베이비
   b. 주주 펫
   c. 퍼비
   d. 실리 밴드

6. 이 인기 있는 아케이드 게임이 처음 나왔을 때는 도박의 한 형태로 취급되어 여러 지역에서 금지되었다.

　　a. 아이언클로

　　b. 핀볼

　　c. 볼링

　　d. 졸탄

7. 이 주에서 최초의 자동차 극장이 문을 열었지만, 남은 곳은 단 한 군데밖에 없다.

　　a. 뉴저지

　　b. 뉴욕

　　c. 펜실베이니아

　　d. 델라웨어

8. 우표 수집 취미가 쇠퇴하게 된 원인이 아닌 것은?

　　a. 수집자들의 노령화

　　b. 우표의 필요성 감소

　　c. 기념우표 과다 발행

　　d. 유서 깊은 우표들의 가치 상승

9. 1978년 〈스페이스 인베이더〉가 처음 나왔을 때는 대단히 인기를 끌었지만, 1980년에는 시대를 막론하고 가장 인기 있는 비디오 게임인 이것과 경쟁하게 되었다.

　　a. 동키콩

　　b. 팩맨

　　c. 센티피드

　　d. 갤러그

10. 타지리 사토시가 만든 사상 최대의 수익을 올린 미디어 프랜차이즈는 무엇일까?

　　a. 포켓몬

　　b. 헬로키티

　　c. 호빵맨

　　d. 드래곤볼

고전 보드게임

1. 64칸 보드 하나에서 할 수 있는 두 가지 게임은?

2. 1963년 처음 나왔고, 밀턴 브래들리가 가장 좋아하는 게임이다. 시대에 뒤처지지 않으려고 꾸준히 노력해온 이 게임의 최신판에는 반려동물까지 포함되어 있다.

3. 이 게임의 환자인 '캐비티 샘'을 치료하려면 손과 눈의 동작을 일치시키는 능력이 필요하다.

4. 이 전략형 영토 게임은 1984년 〈게임〉지가 선정한 보드게임 명예의 전당에 올랐다.

5. 모노폴리에서 가장 자주 걸리는 땅은 어떤 색일까?

6. 이 보드와 플랑셰트는 악의 없는 실내 게임으로 간주되었지만, 어느 순간 사람들이 진지하게 받아들이기 시작했다.

7. 가장 오래된 보드게임 중 하나인 이 게임에서 각 참가자는 15개의 말을 갖는다.

8. 이 파커 브라더스 게임은 '파치지'와 매우 유사하다.

9. 스크래블에서 8점짜리 타일 두 개는 무엇일까?

10. '클루' 게임에서 살인 사건의 희생자 이름은?

한발 앞선 패션

각 목록에서 항목과 가장 관련이 깊은 연대를 찾아, 이른 것부터 순서대로 배열해
보자.

모델

· 비벌리 존슨   · 신디 크로포드
· 트위기   · 지젤
· 수지 파커   · 켄달 제너

여성의 유행

· 다리 토시와 곱창 밴드
· 통굽 부츠와 나팔바지
· 푸들 치마와 버뮤다 반바지
· 통바지와 초커
· 배꼽티와 캐미솔
· 필박스 모자(챙이 없고 납작한 원통형 모자-옮긴이)와 오버사이즈 깃

디자이너

· 코코 샤넬   · 홀스턴
· 랄프 로렌   · 토미 힐피거
· 마이클 코어스   · 위베르 드 지방시

현대의 인맥

1. 가장 인기 있는 소셜 미디어 앱은?

    a. 인스타그램

    b. 트위터

    c. 스냅챗

    d. 페이스북

2. 처음 해시태그를 사용하게 된 것은 어떤 소셜 미디어 사이트 때문이었을까?

    a. 페이스북

    b. 인스타그램

    c. 유튜브

    d. 트위터

3. 현재 통용되는 데이트 앱이 아닌 것은?

    a. 플랜티 오브 피시Plenty of Fish

    b. 틴더Tinder

    c. 커피앤베이글Coffee Meets Bagel

    d. 보이 미츠 걸Boy Meets Girl

4. 2009년 페이스북에 추월당하기 전까지, 이 사이트는 2005년부터 방문 수가 가장 많은 소셜 네트워크 사이트였다.

    a. 프렌드스터Friendster

    b. 마이스페이스Myspace

    c. 링크드인Linkedin

    d. 식스디그리스Six Degrees

5. 트윗에 할 수 있는 반응이 아닌 것은?

    a. 마음에 들어요

    b. 리트윗

    c. 싫어요

    d. 답글

6. 처음으로 대화방을 만들어, 사람들이 온라인 공동체를 만들고 싶어 한다는 것을 증명한 서비스는?

   a. 마이스페이스

   b. 미트업Meetup

   c. 아메리카 온라인(AOL)

   d. 프로디지Prodigy

7. 유튜브 개발자들이 사용자를 위해 특별한 것을 준비해두는 날은?

   a. 크리스마스

   b. 밸런타인데이

   c. 핼러윈

   d. 만우절

8. 2011년 이 앱의 출시 초기에는 잠시 '피카부'라는 이름으로 불렸다.

   a. 인스타그램

   b. 스냅챗

   c. 바인Vine

   d. 플리커Flickr

9. 무료 숙박 장소를 찾는 여행자가 확인해볼 곳은?

   a. Vrbo

   b. 에어비앤비

   c. 카우치서핑

   d. 크래시패드

10. 핀터레스트에서 가장 인기 있는 주제는?

   a. 결혼식

   b. 음식

   c. DIY

   d. 집안 꾸미기

계절의 노래

1. 토리 에이모스, 엘비스 코스텔로, 롤링스톤스는 모두 이 계절의 이름을 딴 노래를 불렀다.

2. 프랭크 시나트라는 그것이 "바다 건너에서 불어왔지. 거기 머물러 당신의 머리를 스치고 나와 함께 걸었지"라고 노래했다.

3. 드레이크의 이 노래는 마치 올림픽에 관한 노래일 것 같기도 하다.

4. 이 이탈리아 작곡가의 가장 유명한 작품은 〈사계〉다.

5. 엘비스 프레슬리와 로레타 린은 모두 이 계절적 증상을 제목으로 붙인 노래를 불렀다.

6. 1970년대에 테리 잭스는 이 감상적인 노래에서 "우리는 즐거웠죠, 우리는 재미있었죠. 우리는" 이것을 보냈다고 말한다. 이것은 노래 제목이기도 하다.

7. 폴 아웃 보이가 부른 이 노래의 제목은 유명한 비디오 게임 이름을 재치 있게 바꾼 것이다.

8. 도나 섬머가 "오, 그건 날 사로잡은 것 같아. 날 사로잡았어. 날 사로잡았어"라고 노래할 때, 그것은 무엇일까?

9. 이 노래는 가장 대중적인 캐럴이지만, 가사에는 성탄절이 한 번도 언급되지 않는다.

10. 1976년부터 1993년까지 〈제너럴 호스피털〉의 주제가로 사용된 잭 어본의 노래는?

록의 고전

각 목록의 항목들을 다음 순서에 맞게 배열해보자.
: 도어스, E 스트리트 밴드, 플리트우드 맥, 퀸, 실버 불릿 밴드, 더 후

리드 싱어

· 로저 돌트리   · 프레디 머큐리
· 짐 모리슨   · 스티비 닉스
· 밥 시거   · 브루스 스프링스틴

앨범

· 〈그리팅스 프롬 애즈버리 파크Greetings from Asbury Park〉
· 〈어겐스트 더 윈드Against the Wind〉
· 〈어 나이트 앳 디 오페라A Night at the Opera〉
· 〈웨이팅 포 더 선Waiting for the Sun〉
· 〈루머스Rumours〉
· 〈콰드로페니아Quadrophenia〉

첫 앨범 출시일 (이른 것부터 순서대로)

·실버 불릿 밴드   · E 스트리트 밴드
· 퀸   · 더 후
· 도어스   · 플리트우드 맥

전기영화

1. 〈소셜 네트워크〉에서는 누가 세운 온라인 제국의 시작을 추적할까?
   a. 제프 베이조스
   b. 마크 저커버그
   c. 크레이그 뉴마크
   d. 빌 게이츠

2. 프레디 머큐리의 이야기를 담은 영화에 제목으로 쓰인 퀸의 노래는?
   a. 크레이지 리틀 싱 콜드 러브Crazy Little Thing Called Love
   b. 보헤미안 랩소디
   c. 돈 트라이 소 하드Don't try so hard
   d. 어나더 원 바이츠 더 더스트Another One Bites the Dust

3. 이 영화의 제목은 영화에 영감을 준 게이 인권 운동가이자 정치가의 이름이 기도 하다. 무엇일까?
   a. 실비아
   b. 크레이머
   c. 밀크
   d. 카메니

4. 다음 중에서 비틀스의 존 레넌에 관한 전기영화는?
   a. 〈노웨어 보이Nowhere Boy〉
   b. 〈러브-앤-머시Love and Mercy〉
   c. 〈어제 오늘 그리고 내일What's Love Got to Do with it〉
   d. 〈아임 낫 데어I'm Not There〉

5. 〈소셜 네트워크〉를 쓴 아론 소킨이 각본을 집필한 또 다른 전기영화는 무엇일까?
   a. 〈퍼스트맨First Man〉
   b. 〈마일스Miles Ahead〉
   c. 〈스티브 잡스〉
   d. 〈아메리칸 스플렌더American Splendor〉

6. 〈히든 피겨스Hidden Figures〉는 어떤 정부 기관에서 핵심 활동에 중요한 역할을 하게 된 흑인 여성 세 명의 실화를 바탕으로 한 이야기일까?
a. 국토안보부
b. CIA
c. FBI
d. NASA

7. 1982년 작품 〈간디〉에서 간디 역할을 맡은 배우는?
a. 이안 맥켈런
b. 제레미 아이언스
c. 콜린 퍼스
d. 벤 킹슬리

8. 레오나르도 디카프리오는 〈에비에이터〉에서 부의 상징이었던 누구의 역할을 맡았을까?
a. 휴 헤프너
b. 하워드 휴즈
c. 워런 버핏
d. 조던 벨포트

9. 어떤 리드 싱어에 관한 전기영화로 게리 올드만이 주연하고, '사랑은 목숨을 빼앗는다'는 부제가 붙은 작품은 무엇일까?
a. 〈버디 홀리 스토리The Buddy Holly Story〉
b. 〈라 밤바La Bamba〉
c. 〈도어스The Doors〉
d. 〈시드와 낸시Sid and Nancy〉

10. 1992년 작품 〈말콤 X〉를 제작한 사람은 누구일까?
a. 덴젤 워싱턴
b. 스파이크 리
c. 오프라 윈프리
d. 포레스트 휘태커

기억에 남는 광고

1. '소고기는 어디 있어?'라는 질문은 추억 속에 생생히 남아 있다. 어떤 기업의 광고였을까?

2. 놀랍게도 라이프Life 시리얼을 좋아했던 그 꼬마는 누구였을까?

3. 1988년 처음 소개된 이 건전지는 '아직도 계속'으로 상징된다.

4. 1987년, 한 공익 광고에서는 뇌를 달걀로, 그리고 프라이한 달걀은 뇌가 어떤 상태인 것으로 설명했을까?

5. 원래는 선메이드를 위해 기획된 이 창작물은 문화적인 돌풍을 일으켰다.

6. '그것 참 화끈한 미트볼이군'이라는 인상적인 문구는 스파게티 소스 광고가 아니라 이 제품을 위한 광고에 삽입되었다.

7. 〈매드맨Mad Men〉의 마지막에서 돈 드레이퍼는 이 브랜드의 대표적인 광고를 생각하는 것으로 추정된다.

8. 마트에서 샤민(두루마리 휴지 브랜드)을 꽉 눌러쥐지 말라고 충고하는 점원의 이름은 무엇일까?

9. 1990년대에 13화로 구성된 미니 드라마를 광고로 내보낸 커피 회사는 어디였을까?

10. 1999년 버드와이저는 어떤 캐치프레이즈를 내건 뒤로 높은 맥주 판매량을 보였을까?

장난감의 고전

아래 장난감과 게임을 출시일이 가장 이른 것부터 순서대로 배열해보자.

1800년대~1900년대 중반

· 모노폴리

· 플렉서블 플라이어(다용도 썰매-옮긴이)

· 다이아몬드 게임(독일에서 발명)

· 크레욜라 크레용

· 파치지(미국식으로 변형된 파치시)

· 링컨 로그(통나무집 짓기 블록-옮긴이)

1950년대~1960년대

· 미스터 포테이토 헤드   · 핫 휠

· 야찌   · 이지-베이크 오븐

· 라이트-브라이트   · 바비

1970년대~1990년대

· 게임보이   · 마이 리틀 포니

· 티클 미 엘모   · 립패드

· 트리비얼 퍼수 게임   · 퍼비

2000년대

· 게임큐브   · 실리 밴드

· 레이저 스쿠터   · 돈 스텝 인 잇

· 해치멀   · 닌텐도 Wii

· 피젯 스피너

스포일러 주의: 최고의 최종화

1. 1983년, 〈매시MASH〉의 마지막 화에서 상황에 잘 어울렸던 마지막 말은 무엇이었을까?

2. 이 시리즈의 마지막에는 초기 시즌에서 가장 사랑받던 인물이 돌아온다.

3. 1992년 이 시리즈의 최종화에서는 재주 많은 요원인 주인공이 아들을 만나게 된다.

4. 〈브레이킹 배드Breaking Bad〉의 마지막에서 월터 화이트에게는 어떤 일이 일어날까?

5. 〈댈러스Dallas〉에서는 모든 것이 꿈이었다는 결말을 보여준다. 그런데 이 드라마에서는 더 심하게 마지막 화에서 시리즈 전체가 자폐증이 있는 소년의 상상 속에서 펼쳐진 일이었음을 밝힌다.

6. 가장 시청률이 높았던 최종화인 이 드라마의 결말에서 팔이 하나인 남자는 마침내 체포된다.

7. 〈더 골든 걸스The Golden Girls〉의 네 주인공 중에서 마지막 화에서 결혼하는 인물은?

8. 〈더 와이어The Wire〉의 최종화에 붙은 이 숫자 제목은 언론에 관한 이야기의 마지막을 나타내고, 탐사 보도에 기반한 이 드라마에도 어울린다.

9. 〈해피 데이즈Happy Days〉는 조니와 차치가 결혼하는 것으로 끝난다. 폰지는 미혼 남성으로서는 흔치 않게 어떤 일을 했을까?

10. 〈프레이저〉의 마지막에서 주인공은 어떤 새로운 도시로 가는 비행기에서 내릴까?

6장

지리

TV 프로그램의 무대

1. WKRP 라디오 방송국은 어디에 있었을까?

  a. 신시내티

  b. 클리블랜드

  c. 와핑거스 폴스

  d. 오클랜드

2. 〈알래스카의 빛Nothern Exposure〉은 가공의 작은 마을 시실리가 배경이었다. 이 마을은 어디에 있었을까?

  a. 알래스카

  b. 캐나다

  c. 아이슬란드

  d. 노스다코타

3. 〈CSI〉 시리즈의 배경이 아닌 곳은?

  a. 마이애미

  b. 라스베이거스

  c. 보스턴

  d. 뉴욕

4. 데브니 콜먼은 WBFL-TV의 시트콤에서 토크쇼 진행자 역할을 했다. 어떤 시트콤일까?

  a. 〈클리블랜드 칼Cleveland Cal〉

  b. 〈디트로이트 댄Detroit Dan〉

  c. 〈버펄로 빌Buffalo Bill〉

  d. 〈피츠버그 피트Pittsburgh Pete〉

5. 〈포틀랜디아Portlandia〉는 어떤 주에서 펼쳐지는 짧은 코미디 시리즈일까?

  a. 메인

  b. 워싱턴

  c. 오리건

  d. 와이오밍

6장 문제의 정답은 301쪽부터 차례대로 찾을 수 있다.

6. 소니와 리코가 비밀경찰로 활약하는 1980년대 범죄 드라마는 플로리다의 어느 도시가 배경일까?

a. 마이애미

b. 탬파

c. 올랜도

d. 데이토나

7. 카트먼과 케니, 카일, 스탠은 어디에 살까?

a. 사우스 파크

b. 필라델피아

c. 파크 슬로프

d. 포틀랜드

8. 이곳은 '언제나 맑음'이다. 어디일까?

a. 휴스턴

b. 필라델피아

c. 투손

d. 찰스턴

9. 90210은 어느 곳의 우편번호일까?

a. 비벌리힐스

b. 멜로즈플레이스

c. 로스앤젤레스

d. 샌프란시스코

10. 〈오렌지카운티의 진짜 주부들〉은 세계 곳곳에 스핀 오프 시리즈를 탄생시켰다. 다음에서 이 시리즈의 배경이 아닌 곳은?

a. 댈러스

b. 아테네

c. 헝가리

d. 바르셀로나

똑같은 이름!

1. 찰스 5세와 포르투갈의 이사벨라의 아들은 그의 이름을 딴 동남아시아의 이 군도 국가를 포함한 광활한 제국을 지배했다.

2. 이 탐험가는 뉴펀들랜드를 측량한 것으로 유명하지만, 그의 이름은 섬이 많은 남태평양의 국가를 비롯해 여러 지역과 연관되어 있다.

3. 오스트레일리아의 노던준주 주도는 진화론의 선구자인 이 과학자의 이름과 같다.

4. 현재 브라질의 바이아주 주도인 이 도시는 브라질 최초의 수도로 예수 그리스도의 이름을 따서 명명했다.

5. 북대서양에 있는 영국령인 이곳은 16세기 스페인 항해사의 이름을 따서 명명한 인기 휴양지다.

6. 캐나다의 서스캐처원주에서 세 번째로 큰 이 도시는 빅토리아 여왕의 남편 이름을 따서 명명했다.

7. 그리스의 수도는 지혜와 전쟁의 여신과 같은 이름이다.

8. 뉴질랜드의 수도는 아서 웨슬리 경의 이름을 따서 명명했다.

9. 영국에서 최소한 100곳이 이 19세기 여왕의 이름을 따서 명명되었다.

10. 미국 수도의 이름은 두 사람의 이름을 따라 지어졌다. 두 사람은 누구일까?

극단적으로

1. 기록된 기온에 따르면 지구에서 가장 뜨거운 곳은 어디일까?

    a. 중국 고비사막

    b. 이스라엘과 요르단 사해

    c. 미국 데스밸리

    d. 리비아 엘 아지지아

2. 육지 면적이 가장 큰 나라는 어디일까?

    a. 중국

    b. 미국

    c. 러시아

    d. 캐나다

3. 지구에서 가장 낮은 곳은 어디일까?

    a. 아르헨티나 라구나 델 카본

    b. 이스라엘과 요르단 사해

    c. 이집트 카타라 저지

    d. 미국 데스밸리

4. 지구에서 가장 높은 수직 절벽이 있는 곳은?

    a. 캐나다 누나부트

    b. 캘리포니아 요세미티 국립공원

    c. 몬태나 빅스카이

    d. 와이오밍 잭슨홀

5. 육지 면적이 가장 작은 나라는 어디일까?

    a. 투발루

    b. 바티칸시티

    c. 모나코

    d. 룩셈부르크

6. 세계에서 가장 인구가 많은 도시는?
   a. 상하이
   b. 도쿄
   c. 뭄바이
   d. 뉴욕시

7. 미국에서 인구가 가장 적은 주는?
   a. 와이오밍
   b. 알래스카
   c. 델라웨어
   d. 로드아일랜드

8. 최저기온 기록에 의하면 지구에서 가장 추운 곳은 어디일까?
   a. 미국 몬태나
   b. 그린란드 아이스미테
   c. 캐나다 유콘
   d. 남극 보스토크

9. 지금 사용하는 현대어가 가장 많은 나라는?
   a. 중국
   b. 미국
   c. 파푸아뉴기니
   d. 나이지리아

10. 사용 가능한 담수가 가장 많은 나라는?
   a. 인도네시아
   b. 브라질
   c. 러시아
   d. 미국

떠나고 싶은 휴가지

1. 에펠탑이 어떤 모습인지는 누구나 알지만, 관광객들은 여전히 에펠탑을 보러 이 도시로 모여든다.

2. 타임스스퀘어에 몰린 인파는 이동을 어렵게 한다. 하지만 그 많은 사람은 이 대도시가 여전히 최고의 휴가지라는 것을 보여주는 증거이기도 하다.

3. 이곳은 50개 주 가운데 하나지만, 섬의 분위기는 이국적인 낙원처럼 느껴진다.

4. 이 유럽의 수도로 향하는 여행객들은 유명한 트레비 분수에 동전 던지기를 즐긴다.

5. 이 명소가 없었다면, 올랜도는 가고 싶은 휴가지 목록의 상위권에 들지 못했을 것이다.

6. 이 수도에서 힘든 하루를 보낸 뒤 긴장을 풀고 싶다면, 템스강을 따라 걸어보는 것도 좋다.

7. 유럽인들은 쉽게 갈 수 있고 유명한 해변이 있는 플로리다의 이 해안지역에 가기를 즐긴다.

8. 사람들은 인기 있는 어른들의 놀이터인 이곳에서는 무슨 일이 일어나든, 이곳에서만 유효하다고 말한다.

9. 이 도시에는 볼거리가 많지만, 구불구불한 롬바드스트리트는 변함없이 최고의 명소로 꼽힌다.

10. 유서 깊은 산후안의 구시가와 바다거북을 볼 수 있는 해안은 이 섬에 관광객들을 끌어들인다.

강 이름 맞추기

각 목록에서 순서에 맞추어 강을 배열해보자.

길이 (긴 것부터 순서대로)

- 나일강
- 황허강
- 볼가강
- 콜로라도강
- 양쯔강

동쪽에서 서쪽으로

- 허드슨강
- 콜로라도강
- 리오그란데강
- 미주리강
- 미시시피강

북쪽에서 남쪽으로

- 갠지스강
- 유콘강
- 오비강
- 도나우강
- 머리강

국경 지역

1. 다음 중에서 가장 많은 나라와 국경을 접하는 나라는?

    a. 러시아

    b. 중국

    c. 브라질

    d. 독일

2. 가장 긴 국경을 공유하는 나라 둘은?

    a. 미국과 캐나다

    b. 아르헨티나와 칠레

    c. 러시아와 카자흐스탄

    d. 중국과 몽골

3. 이 위험한 국경은 투광조명으로 강력하게 비추고 있어서 우주에서도 보인다.

    a. 북한과 남한

    b. 멕시코와 미국

    c. 인도와 파키스탄

    d. 인도와 방글라데시

4. 중국과 국경을 접하고 있는 나라가 아닌 곳은?

    a. 파키스탄

    b. 캄보디아

    c. 마카오

    d. 인도

5. 다음에서 포코너스기념물이 있는 네 개 주로 맞는 것은?

    a. 콜로라도, 캔자스, 와이오밍, 네브래스카

    b. 뉴멕시코, 오클라호마, 콜로라도, 캔자스

    c. 유타, 네바다, 아이다호, 와이오밍

    d. 애리조나, 콜로라도, 뉴멕시코, 유타

6. 국경이 에베레스트산을 지나는 두 나라는?

    a. 중국과 네팔

    b. 인도와 네팔

    c. 네팔과 부탄

    d. 중국과 인도

7. 다음에서 국경을 이루는 강이 아닌 것은?

    a. 센강

    b. 리오그란데강

    c. 갠지스강

    d. 디트로이트강

8. 세계에서 가장 바쁘게 넘나드는 국경은 어떤 두 나라가 접하는 곳일까?

    a. 프랑스와 이탈리아

    b. 멕시코와 미국

    c. 중국과 인도

    d. 캐나다와 미국

9. 미국 국경 순찰대는 정부의 어느 기관 소속일까?

    a. 국토안보부

    b. 국방부

    c. 교통부

    d. 국무부

10. 독일이 아닌 지역 중에서, 베를린 장벽의 일부가 가장 많이 보관되어 있는 박물관은?

    a. 세계의 박물관The Museum of the World

    b. 스미소니언 박물관

    c. 뉴지엄

    d. 메트로폴리탄 미술관

수출 전문가

1. 수출을 가장 많이 하는 나라는?

2. 미국의 무역 상대국 중에서 상위 3개국은 중국과 캐나다, 그리고 어떤 나라일까?

3. 케냐는 이 음료를 가장 많이 수출하는 나라다. 세계에서 물 다음으로 가장 많이 마시는 이것은 무엇일까?

4. 한 국가의 수입이 수출을 초과하면 무엇이 발생할까?

5. 자동차는 세계에서 가장 많이 수출되는 품목이다. 두 번째는 무엇일까?

6. 사우디아라비아는 세계 제일의 원유 수출국이다. 2위는 어디일까?

7. 이 제품을 가장 많이 수출하는 나라로 눈이 부시게 빛나는 1위 자리는 이탈리아가 차지했다.

8. 스위스와 벨기에의 초콜릿은 맛이 좋지만, 초콜릿 수출 1위 국가인 이 나라의 수출량은 따라가지 못한다.

9. 이 나라가 세계시장에서 차지하는 부분은 작지 않으며, 1위 수출품은 컴퓨터를 비롯한 기계류다.

10. 국가 경제 활동의 포괄적인 척도를 뭐라고 부를까?

바다 세상

각 목록에서 대양을 순서에 맞게 배열해보자.

크기 (큰 것부터 순서대로)

· 인도양   · 태평양
· 남극해   · 북극해
· 대서양

수온 (따뜻한 것부터 순서대로)

· 북극해   · 태평양
· 대서양   · 인도양
· 남극해

플라스틱 쓰레기 오염량 (많은 것부터 순서대로)

· 인도양   · 남태평양
· 북태평양   · 남대서양
· 북대서양

영화 속 지리

1. 이 영화에서, 히스 레저와 제이크 질렌할은 1963년 와이오밍 시골 지역에서 고통받는 연인으로 출연했다.

2. 2016년에 나온 이 영화에는 등대에 살면서 해변으로 떠내려온 아기를 키우는 커플이 등장한다.

3. 일본군에 의해 강제 노동을 하는 영국인 전쟁포로들의 이야기를 담은 이 영화는 오스카상 7개 부문을 수상했다.

4. 이 2006년 작품에서 산드라 블록과 키아누 리브스는 시간을 초월하는 사랑에 빠진다.

5. 부녀지간인 헨리 폰다와 제인 폰다는 이 1982년 영화에 함께 등장한다.

6. 발 킬머와 말론 브란도가 주연한 이 공상과학 영화의 원작은 허버트 조지 웰스의 소설이다.

7. 1954년, 월트 디즈니가 직접 제작한 이 모험 영화에는 커크 더글라스와 제임스 메이슨, 피터 로어가 출연했다.

8. 1980년 작품인 이 영화에서는 조난사고를 당한 아이들이 성장해 연인이 된다. 크리스토퍼 앳킨스와 브룩 쉴즈가 연인 역할을 맡았다.

9. 2016년 작품인 이 전쟁 영화에서 앤드류 가필드는 오키나와 전투에 참전하는 의무병 역할을 맡았다.

10. 1967년, 재클린 수잔의 소설을 각색한 이 영화에는 패티 듀크와 샤론 테이트가 출연했다.

1. 모차르트의 탄생지에서 아펠슈트루델을 먹을 수 있을까?

    a. 오스트리아

    b. 독일

    c. 스위스

    d. 폴란드

2. 아크로폴리스 앞에 설 수 있을까?

    a. 사이프러스

    b. 체코

    c. 그리스

    d. 덴마크

3. 몬테카를로에서 주사위를 굴릴 수 있을까?

    a. 이탈리아

    b. 프랑스

    c. 모나코

    d. 잉글랜드

4. 수도 중심지에서 오줌싸개 동상의 사진을 찍을 수 있을까?

    a. 프랑스

    b. 룩셈부르크

    c. 스위스

    d. 벨기에

5. 로스킬레 페스티벌에서 북유럽 컨트리 댄싱을 구경할 수 있을까?

    a. 스웨덴

    b. 노르웨이

    c. 핀란드

    d. 덴마크

6. 디즈니랜드에 갈 수 있을까?

    a. 프랑스

    b. 독일

    c. 이탈리아

    d. 잉글랜드

7. 옥토버페스트에 참여할 수 있을까?

    a. 오스트리아

    b. 독일

    c. 스위스

    d. 체코

8. 아이아 나파의 해변에서 파티를 즐길 수 있을까?

    a. 그리스

    b. 이탈리아

    c. 사이프러스

    d. 모나코

9. '포라마투르'를 먹고 황홀한 오로라를 감상할 수 있을까?

    a. 핀란드

    b. 노르웨이

    c. 그린란드

    d. 아이슬란드

10. 아빌라를 둘러싼 중세 성곽 한가운데에 앉아서 아다하강을 내려다볼 수 있을까?

    a. 포르투갈

    b. 이탈리아

    c. 스페인

    d. 핀란드

학교는 어디에서?

1. 미국 대통령 태프트와 부시 부자는 모두 예일대학교를 졸업했다. 예일대학교는 어디에 있을까?

2. 듀크대학교는 '남부의 아이비리그'라고 불리곤 한다. 이 학교는 어디에 있을까?

3. 2019년, 도널드 트럼프는 미 공군사관학교에서 졸업식 기념 연설을 하기 위해 이곳에 갔다.

4. 영어권 세계에서 가장 오래된 학교인 이곳의 학생 40% 이상은 다른 나라에서 선발한다.

5. 시트콤 〈코치〉에 등장하는 헤이든 폭스라는 인물은 어느 주에 있는 학교에서 풋볼 감독을 할까?

6. 세계 대학 순위에서 선두를 달리는 하버드는 미국에서 가장 역사가 오래된 학교다. 어디에 있을까?

7. 이 주립대학교는 '칼'이라는 별명으로 불리며, 캘리포니아에서 가장 똑똑한 사람들이 모여 있다. 이 대학교는 캘리포니아의 어디에 있을까?

8. 아이비리그 대학 8곳 중에서 2곳은 어느 주에 있을까?

9. 이 오하이오 학교는 1837년 여성 입학을 허용했을 때 최초의 남녀공학 대학이 되었다.

10. 〈그레이의 50가지 그림자〉를 비롯하여 여러 영화와 텔레비전 시리즈가 브리티시컬럼비아대학교에서 촬영되었다. 이 학교는 어디에 있을까?

모든 산을 정복하기

1. 세계에서 가장 높은 봉우리는?
  a. K2
  b. 세인트헬렌스산
  c. 킬리만자로산
  d. 에베레스트산

2. 다음에서 '세븐 서미츠Seven Summits'에 관한 설명으로 맞는 것은?
  a. 세계에서 가장 높은 산 7곳이다.
  b. 각 대륙에서 가장 높은 봉우리다.
  c. 에드먼드 힐러리 경의 등반기다.
  d. 히말라야에서 가장 높은 봉우리들이다.

3. 크리스 오도넬과 빌 팩스톤이 주연한 2000년 영화 〈버티칼 리미트〉는 K2가 배경이다. 이 해발 28,000피트의 봉우리를 가리키는 이름이 아닌 것은?
  a. 고드윈-오스틴 산
  b. 초고리
  c. 새비지 마운틴(사나운 산)
  d. 데스 트랩(죽음의 덫)

4. 애디론댁산의 높은 봉우리들을 모두 등반한 사람은 자신을 이렇게 부른다.
  a. 포티식서
  b. 애디론댁 올스타
  c. 마운틴 매니악
  d. 서밋 스페셜

5. 이 산맥에는 서반구에서 가장 높은 봉우리들이 포함된다.
  a. 시에라마드레산맥
  b. 애팔래치아산맥
  c. 안데스산맥
  d. 로키산맥

6. 위험한 마터호른산은 어떤 산맥의 일부일까?

    a. 알프스산맥

    b. 안데스산맥

    c. 피레네산맥

    d. 캅카스산맥

7. 등반에서 'pumped'라는 표현은 어떤 뜻일까?

    a. 등반으로 흥분되어 있다.

    b. 계속 등반하기에는 팔뚝에 힘이 너무 없다.

    c. 특정한 도전을 하기 위해 적절하게 훈련받고, 준비되어 있다.

    d. 배낭과 용품을 확인했고, 다시 검토까지 마쳤다.

8. 에드먼드 힐러리 경이 최초로 에베레스트산을 등반했다는 사실은 누구나 안다. 하지만 그는 혼자가 아니었고, 유능한 등반가인 셰르파와 동행했다. 셰르파의 이름은 무엇일까?

    a. 텐징 노르가이

    b. 파상 다와 라마

    c. 게이레이

    d. 나왕 곰부

9. 부탄의 강카르 푼섬은 24,000피트로 아무도 등반하지 않은 세계에서 가장 높은 산이다. 왜 아직 아무도 오르지 않았을까?

    a. 부탄 정부가 등반을 금지한다.

    b. 지형이 너무 위험하다.

    c. 등반을 시도한 사람은 모두 죽었다.

    d. 눈사태 때문에 등반하기에 너무 위험하다.

10. 산악 등반은 1850년대가 되어서야 유행했지만, 최초로 이름을 알린 등산가인 앙투안 드빌은 이미 1492년에 어떤 산을 정복했을까?

    a. 후지산

    b. 슈톡호른산

    c. 워싱턴산

    d. 에귀유산

C로 시작하는 나라 이름

보기

· 캄보디아	· 칠레	· 크로아티아
· 카메룬	· 중국China	· 쿠바
· 캐나다	· 콜롬비아	· 사이프러스
· 카보베르데	· 코모로	· 체코
· 중앙아프리카공화국	· 콩고	· 코스타리카

1. 면적으로 보면 가장 큰 나라다.

2. 인구가 가장 많은 나라다.

3. 이 나라의 주요 종족은 크메르족이다.

4. 섬으로 이루어진 이 나라의 수도는 프라이아다.

5. 육지로 둘러싸인 이 나라는 1인당 맥주 소비량이 가장 많다.

6. 이 나라의 국민은 자신들을 티코스와 티카스라고 부른다.

7. 이 나라의 믿을 수 없는 다양성 덕분에 '미니어처 아프리카'라는 별명이 붙었다.

8. 이 나라의 지도자는 2000년, 수도에 존 레논 동상을 세웠다.

9. 인도양의 섬으로 이루어진 이 나라의 수도는 모로니다.

10. 이 남미 국가는 세계에서 가장 품질 좋은 에메랄드의 생산지로 유명하다.

7대륙

각 목록에서 대륙을 순서에 맞게 배열해보자.

크기 (큰 곳부터 순서대로)

- 북아메리카
- 오스트레일리아
- 유럽
- 남극
- 아시아
- 남아메리카
- 아프리카

인구 (많은 곳부터)

- 북아메리카
- 오스트레일리아
- 유럽
- 남극
- 아시아
- 남아메리카
- 아프리카

국가 수 (많은 곳부터)

- 북아메리카
- 오스트레일리아
- 유럽
- 남극
- 아시아
- 남아메리카
- 아프리카

세계의 명소

1. 워싱턴기념탑은 1884년 완성되었을 당시에 세계에서 가장 높은 건축물이었지만, 이것이 건립되어 1위 자리를 내주게 되었다. 무엇일까?
   a. 에펠탑
   b. 엠파이어스테이트빌딩
   c. 부르즈 할리파
   d. 롯데월드타워

2. 1882년 이 건물을 짓기 시작했을 때, 건축가인 안토니 가우디가 죽은 지 100년이 지난 2026년까지도 완공되지 않으리라고 예상했다.
   a. 브라질 코르코바도
   b. 이탈리아 밀라노 대성당
   c. 스페인 사그라다 파밀리아
   d. 이탈리아 성베드로 대성당

3. 2014년 5월 15일, 버락 오바마는 뉴욕 시내에 있는 어떤 건물의 건립식에서 연설했을까?
   a. 아프리칸 묘지 국립 기념물
   b. 스톤월 인 국립 사적지
   c. 국립 9·11 추모 박물관
   d. 원 월드 전망대

4. 피의 사원은 상트페테르부르크에서 이 사람이 죽은 자리에 세워졌다.
   a. 니콜라이 2세
   b. 예카테리나 2세
   c. 옐리자베타
   d. 알렉산드로 2세

5. 다음에서 섬에 있는 역사적 감옥이 아닌 것은?
   a. 악마의 섬
   b. 이프성
   c. 알카트레즈
   d. 엘미나성

6. 다음에서 '민주주의의 성지'라고 불리는 미국의 명소는 어디일까?

　a. 링컨기념관

　b. 러시모어산

　c. 독립기념관

　d. 시어도어 루스벨트 섬

7. 세계에서 가장 높은 폭포는 어디에 있을까?

　a. 베네수엘라

　b. 짐바브웨

　c. 미국

　d. 아이슬란드

8. '모아이'라고 하는 고대의 돌기둥이 발견되는 섬은 어디일까?

　a. 베어섬

　b. 이스터섬

　c. 세인트킬다

　d. 페렐리우

9. 다음에서 세계의 7대 비경에 속하지 않는 것은?

　a. 그랜드캐니언

　b. 그레이트 배리어 리프

　c. 에베레스트산

　d. 나이아가라폭포

10. 미국 최초의 국립공원은?

　a. 옐로스톤

　b. 요세미티

　c. 그랜드캐니언

　d. 자이언

도시 이름의 의미

1. 이 주도의 이름은 그리스어로 '우애'라는 뜻이다.

2. 브라질의 이 도시 이름은 포르투갈어로 '1월의 강'이라는 뜻이다.

3. 캐나다의 수도 이름은 '물속에 나무가 서 있는 곳'이라는 뜻의 이로쿼이 단어에서 유래했다.

4. 북유럽 국가의 이 수도 이름은 '상인의 항구'라는 뜻의 그 나라 언어에서 유래했다.

5. 아프리카 국가의 이 수도 이름은 아랍어로 '승리자'라는 뜻이다.

6. 가나의 수도 이름은 '개미들'을 뜻하는 아칸어에서 유래했다.

7. 유럽 국가의 이 수도 이름은 아이슬란드 말로 '연기가 나는 만'이라는 뜻이다.

8. 중동 국가의 이 수도 이름은 '뜨거운 곳'이라는 페르시아어에서 유래했다.

9. 북아프리카 국가의 이 수도 이름은 그리스어로 '세 도시들'이라는 뜻이다.

10. 유라시아 공화국의 이 수도 이름은 그리스어로 '닻'이라는 뜻이다.

워싱턴 DC

1. 육지와 수면을 포함한 워싱턴 DC의 면적은?

    a. 54km²

    b. 93km²

    c. 176km²

    d. 264km²

2. DC의 모든 거리 체계의 근본 원리는 무엇일까?

    a. 대통령 이름

    b. 알파벳

    c. 13개의 식민지

    d. 헌법 제정자들

3. 베트남전쟁재향군인기념관을 설계한 마야 린은 불과 21세에 그 일을 맡았다. 어떻게 했을까?

    a. 경연대회에서 우승했다.

    b. 그녀의 아버지가 기념관 위원회의 위원장이었다.

    c. 로널드 레이건에게 열정적인 편지를 썼다.

    d. 그녀의 설계가 예일의 교내 전시회에서 발탁되었다.

4. 워싱턴 DC를 설계한 사람은?

    a. 조지 워싱턴

    b. 존 스미스슨

    c. 피에르 랑팡

    d. 알렉산더 해밀턴

5. 내셔널 몰의 양쪽 끝 지점은 어디인가?

    a. 백악관과 국회의사당

    b. 워싱턴기념탑과 백악관

    c. 링컨기념관과 국회의사당

    d. 국회의사당과 워싱턴기념탑

6. DC 시 경계 안에 묻힌 유일한 대통령은 누구일까?

    a. 조지 워싱턴

    b. 우드로 윌슨

    c. 제임스 먼로

    d. 존 F. 케네디

7. DC가 수도로 정해지기 40년 전부터 접해 있던, 가장 오래된 인근지역은 어디일까?

    a. 포기 보툼

    b. 콜롬비아 하이츠

    c. 마운트 플레전트

    d. 조지타운

8. DC에서 유명한 벚나무는 어느 나라에서 받은 선물일까?

    a. 프랑스

    b. 일본

    c. 잉글랜드

    d. 중국

9. 마틴 루터 킹 주니어가 '나에게는 꿈이 있습니다'라는 연설을 한 곳은 어디 앞이었을까?

    a. 링컨기념관

    b. 제퍼슨기념관

    c. 워싱턴기념탑

    d. 백악관

10. 백악관에 공식적으로 이름을 붙인 대통령은 누구일까?

    a. 시어도어 루스벨트

    b. 윌리엄 하워드 태프트

    c. 그로버 클리블랜드

    d. 벤저민 해리슨

이 섬에는

1. 이 섬은 자유의 여신상의 고향이다.

2. 이 가상의 태평양 섬은 미스터 로크가 두루 감독했다.

3. 이 프랑스령 폴리네시아 섬은 샤포(군모-옮긴이)가 아니라 거대한 솜브레로(챙이 넓은 멕시코 전통모자-옮긴이)처럼 생겼다.

4. 〈서바이버〉의 무대로 가장 많이 선택된 이 섬 국가는 어디일까?

5. 세계 1차 대전 이후로 미 육군의 주둔지였던 이 섬에는 100세 이상인 주민들이 수백 명에 달해, 가장 건강한 곳으로 알려져 있다.

6. 미시간의 이 섬에서는 1898년 이후로 계속 자동차 이용이 금지되었다.

7. 오스트레일리아는 비록 섬이지만 대륙으로 분류된다. 그렇다면 어떤 땅덩어리가 가장 큰 섬이 되는 걸까?

8. 이 나라에는 섬이 세계에서 가장 많다고 알려져 있다. 하지만 섬 대부분은 무인도다.

9. 이 텔레비전 시리즈의 시험방영분은 '고립된'으로 불렸다.

10. 세계에서 가장 큰 군도 국가는 어디일까?

세계의 색

1. 다음에서 인도양의 부속해는?

    a. 홍해

    b. 흑해

    c. 황해

    d. 백해

2. 국기에 적, 백, 청색 외에 다른 색이 들어가는 나라는?

    a. 뉴질랜드

    b. 칠레

    c. 러시아

    d. 필리핀

3. 미국에는 '레드red'가 들어가는 지명이 많다. 그런데 영어가 아닌 다른 언어로 붉은색을 뜻하는 말이 이름에 들어가는 도시는 어느 주에 있을까?

    a. 루이지애나

    b. 플로리다

    c. 메릴랜드

    d. 캘리포니아

4. 골드코스트는 어느 대륙의 동쪽에 있을까?

    a. 아프리카

    b. 오스트레일리아

    c. 유럽

    d. 남아메리카

5. 풋볼팀이 있는 도시 중에서 유일하게 이름에 색상이 들어가는 곳은 어느 주에 있을까?

    a. 위스콘신

    b. 플로리다

    c. 미시간

    d. 캘리포니아

6. 모나코와 바레인, 덴마크, 조지아의 국기에 사용되는 두 가지 색은 무엇일까?

　a. 초록색과 흰색

　b. 파란색과 흰색

　c. 빨간색과 흰색

　d. 빨간색과 노란색

7. 미국에서 지명에 가장 많이 사용된 색은 무엇일까?

　a. 흰색

　b. 초록색

　c. 빨간색

　d. 파란색

8. 2016년, 대통령 선거 결과를 나타내는 미국 지도에서 대부분의 주는 무슨 색이었을까?

　a. 빨간색

　b. 파란색

　c. 초록색

　d. 흰색

9. 블루리지산맥이 지나지 않는 주는?

　a. 테네시

　b. 웨스트버지니아

　c. 켄터키

　d. 앨라배마

10. 도버의 절벽은 무슨 색일까?

　a. 초록색

　b. 빨간색

　c. 검은색

　d. 흰색

아시아에 있을까? 아프리카에 있을까?

1. 고비사막

2. 크고 넓은 귀를 가진 코끼리

3. 사우디아라비아

4. 더 빠르게 증가하는 인구

5. 기자 피라미드

6. 54개 국가

7. 가장 인구가 많은 국가

8. 컴퓨터단층촬영술 발명

9. 타지마할

10. 타조

나라의 별명

1. '인도의 눈물'로 불리는 아시아 국가는?
    a. 타이
    b. 스리랑카
    c. 싱가포르
    d. 일본

2. '유럽의 빵 바구니'로 불리는 나라는?
    a. 우크라이나
    b. 체코
    c. 터키
    d. 스위스

3. 이 나라의 별명은 '중동의 스위스'다.
    a. 레바논
    b. 이스라엘
    c. 티베트
    d. 아프가니스탄

4. 이 나라는 '무지개 국가'다.
    a. 남아프리카
    b. 보츠와나
    c. 마다가스카르
    d. 가나

5. 유럽에서 '미와 음악의 땅'은 이 나라다.
    a. 폴란드
    b. 오스트리아
    c. 프랑스
    d. 이탈리아

6. 이곳의 다른 이름은 '그레이트 화이트 노스'다.

    a. 남극

    b. 그린란드

    c. 아이슬란드

    d. 캐나다

7. 이 나라는 아프리카에서 '천 개의 언덕이 있는 땅'이다.

    a. 르완다

    b. 카메룬

    c. 모로코

    d. 말리

8. 이 도시는 '사자의 도시'로도 알려져 있다.

    a. 홍콩

    b. 싱가포르

    c. 대만

    d. 타이베이

9. 이 나라는 '적도의 에메랄드'다.

    a. 케냐

    b. 브라질

    c. 가봉

    d. 인도네시아

10. 일본은 '떠오르는 태양의 땅'이지만, 이 나라는 '고요한 아침의 나라'다.

    a. 중국

    b. 한국

    c. 부탄

    d. 미얀마

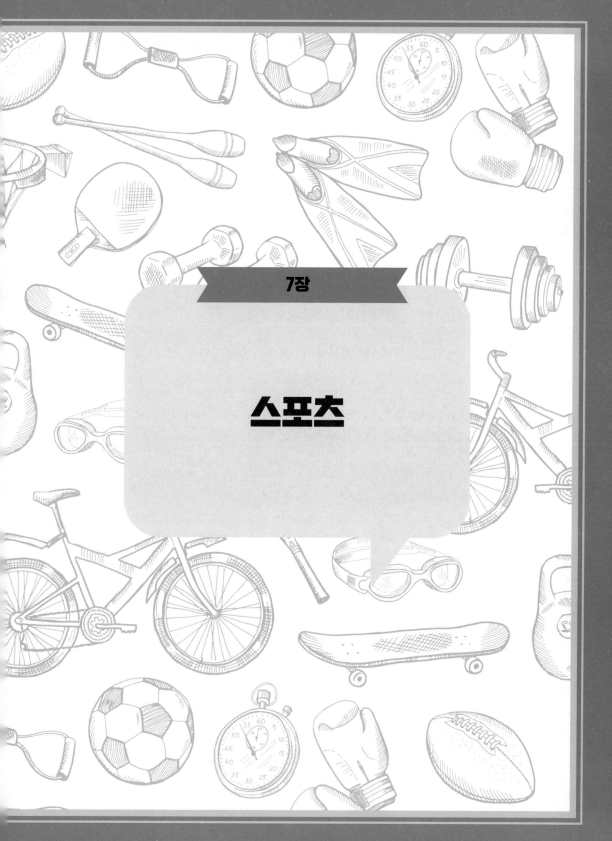

7장

스포츠

규정집

1. 2017년부터 메이저리그에서는 감독이 이 야구 전략을 쓰기로 하면 4회 투구를 하지 않아도 된다.

2. 골프선수들은 볼이 습지에 빠지면 멀리건을 받는다. 라켓을 이용하는 경기 중에서 서브를 다시 할 기회를 받는 종목은?

3. 골프에서 스코어카드에 이것을 하지 않으면 실격될 수 있다.

4. 체조에서는 안정된 착지가 중요하다. 착지할 때 각각이 이것마다 0.1점 감점이 될 수 있기 때문이다.

5. 메이저리그에서 지명타자가 허용되는 리그는?

6. 그 자체로 규정은 아니지만, 자신의 이것에 따라 수영 레인을 고르는 것이 에티켓이다.

7. 2010년, 국제육상경기연맹은 400미터 이하 단거리 경기에서 주자가 실격되기 전까지 몇 번의 부정 출발을 허용하도록 결정했을까?

8. 2017년, 미국여자프로골프협회(LPGA)는 어떤 규정 위반에 관련하여 1,000달러의 벌금을 부과한다는 내용을 선수들에게 알렸을까?

9. 스포츠에서 판정의 정확성을 높이는 데 매우 도움이 되는 기술은 무엇일까?

10. NBA에서는 선수가 자신의 팀 바스켓에 자책골을 넣을 경우, 누구의 득점으로 인정될까?

7장 문제의 정답은 306쪽부터 차례대로 찾을 수 있다.

여성의 권리

1. 여성 스포츠 발전에 큰 도움이 된 교육법 '타이틀 나인'은 연방정부가 지원하는 학교에서 성차별을 금지한다. 이 법안은 언제 통과되었을까?

    a. 1964년   b. 1981년

    c. 1972년   d. 1959년

2. 2019년, 이 종목의 미국 여자대표팀은 남자 선수들보다 더 많은 경기에 출전하고, 더 적은 보수를 받았다고 주장하며 소송을 제기했다. 어떤 종목일까?

    a. 축구

    b. 하키

    c. 배구

    d. 농구

3. 1967년, 한 여성이 이전까지 남성만 출전하던 대회에 참가하기 위해 K. V. 스위처라는 이름을 사용해 성별을 숨겼다. 어떤 대회였을까?

    a. 투르 드 프랑스

    b. 보스턴 마라톤

    c. 영연방 경기대회

    d. 그랑프리

4. 1973년, 테니스 경기를 성별 대결로 바꾸어놓은 것은 누구일까?

    a. 이본 굴라공

    b. 빌리 진 킹

    c. 크리스 에버트

    d. 마거릿 코트

5. 1976년, 여자조정팀 선수들이 사용할 시설이 없다는 사실에 항의하며 상의를 벗고 가슴에 '타이틀 나인'을 적어 넣은 여학생들은 어느 아이비리그 대학 소속이었을까?

    a. 브라운

    b. 프린스턴

    c. 하버드

    d. 예일

6. 윔블던에서 여자 선수에게 남자 선수보다 상금을 적게 준다는 사실을 폭로해, 2007년 주최 측이 상금 정책을 바꾸도록 만든 테니스 스타는 누구일까?
a. 비너스 윌리엄스
b. 모니카 셀레스
c. 슈테피 그라프
d. 마르티나 힝기스

7. '더 멀리 꿈꾸라Dream Further'는 광고로 여성 운동선수들을 조명한 스포츠용품 기업은?
a. 아디다스
b. 나이키
c. 리카
d. 리복

8. 나디아 코마네치는 올림픽 체조 역사상 처음으로 10점 만점을 기록한 선수가 되었다. 당시 올림픽 개최지는 어디였을까?
a. 멕시코시티
b. 모스크바
c. 뮌헨
d. 몬트리올

9. 모든 참가국에서 여성 선수가 출전한 최초의 올림픽은 언제였을까?
a. 2012년 하계올림픽
b. 2014년 동계올림픽
c. 2016년 하계올림픽
d. 2018년 동계올림픽

10. 2014년, 모네 데이비스가 명성을 얻게 된 이유로 맞는 것은?
a. 여자 선수로서 처음으로 리틀리그 월드시리즈에 출전했다.
b. 리틀리그 월드시리즈 역사상 최초의 여자 승리 투수가 되었다.
c. 리틀리그 선수로서는 처음으로 〈스포츠 일러스트레이티드〉 잡지 표지에 실렸다.
d. b와 c가 모두 맞다.

야구 보러 가요

각 목록에서 야구장을 순서에 맞게 배열해보자.

오래된 것부터 순서대로

· 시티 필드
· 프로그레시브 필드
· 에인절 스타디움

· 리글리 필드
· 로저스 센터
· 말린스 파크

큰 것부터 순서대로

· 다저 스타디움
· 오리올 파크
· 양키 스타디움

· 펜웨이 파크
· 트로피카나 필드
· 리글리 필드

동부에서 서부로

· 개런티드레이트 필드
· 링센트럴 콜리세움
· 그레이트 아메리칸 볼파크

· 시티 필드
· 코프먼 스타디움
· 쿠어스 필드

라켓 경기

1. 배드민턴과 같은 크기의 경기장에서 테니스와 같은 높이의 네트를 사이에 두고 하는 이 경기는 신체에 충격이 적어 특히 노년층 사이에서 인기를 얻고 있다.

2. 배드민턴 선수들은 네트 건너편으로 '버디'를 치며 주고받는다. 이 버디의 공식적인 명칭은 무엇일까?

3. 실내에서 네트 없이 하는 경기로 속도가 빠르고, 서브권을 가진 편만 점수를 딸 수 있다.

4. 실내경기로 11점을 내면 이기고, 서브권과 상관없이 점수를 따는 방식으로 진행할 수 있다.

5. 이 스포츠의 4대 그랜드슬램에는 윔블던이 포함된다.

6. 중국은 이 종목의 프로 세계를 지배하고 있다. 〈뉴욕타임스〉의 십자말풀이 편집자인 윌 쇼츠는 이 경기를 매일 한다.

7. 이 단독 경기에는 나무로 만든 라켓에 고무줄로 연결된 공이 사용된다.

8. 이 경기에는 모든 라켓 종목 중에서 가장 작은 공을 사용한다.

9. 이 경기에는 모든 라켓 종목 중에서 가장 큰 공을 사용한다.

10. '주 드 폼'은 라켓 경기의 전신이었다. 이 경기에서는 참가자가 공을 무엇으로 칠까?

알쏭달쏭 스포츠

1. 스포츠 스태킹이나 스피드 스태킹에서 참가자는 정해진 순서에 따라 무엇을 쌓을까?
    a. 컵
    b. 블록
    c. 장난감 자동차
    d. 병

2. 2018년 스크립스 내셔널 스펠링 비가 대회를 확대 개최한 방법은?
    a. 이전 대회 우승자들이 경쟁하게 했다.
    b. 참가 연령 제한을 17세로 높였다.
    c. 지역 대회에서 우승하지 않은 학생들의 참가 신청을 받았다.
    d. 해외 지원자들의 참가 신청을 받았다.

3. 스크래블에서 타일 7개를 모두 사용하는 것은 '보너스' 혹은 '빙고'라고 부르며, 몇 점의 추가 점수를 기록할까?
    a. 25점
    b. 50점
    c. 75점
    d. 100점

4. 다음에서 가장 높은 포커 패는?
    a. 스트레이트 플러시
    b. 풀 하우스
    c. 플러시
    d. 포 오브 어 카인드

5. 2019년, ESPN은 어떤 오락의 방송 시간을 거의 두 배로 늘렸을까?
    a. 클래식 자동차 경매
    b. 농어 낚시
    c. 지오캐싱
    d. 도미노

6. 볼링에서 퍼펙트 경기의 점수는?
   a. 100점
   b. 300점
   c. 1,000점
   d. 30점

7. 매년 7월 4일에 네이선스 핫도그 먹기 대회 참가자들은 머스터드 옐로 우승 벨트를 따기 위해 경쟁한다. 이 대회는 어디에서 열릴까?
   a. 독일 프랑크푸르트
   b. 뉴욕 코니아일랜드
   c. 양키 스타디움
   d. 뉴욕 제리코

8. 당구에서 나인볼은 9개의 공으로 경기한다. 하지만 에이트볼은 (큐 볼을 제외하고) 몇 개의 공으로 경기할까?
   a. 7
   b. 10
   c. 12
   d. 15

9. 2007년부터 2018년까지, 조이 체스트넛은 네이선스 핫도그 먹기 대회에서 단 한 차례 우승을 놓쳤다. 2015년에 체스트넛의 기록에도 못 미치는 불과 62개의 핫도그를 먹고 그를 이긴 사람은 누구일까?
   a. 다케루 고바야시
   b. 밥 샤우트
   c. 매트 스토니
   d. 소냐 토머스

10. 2019년 스크립스 내셔널 스펠링 비는 이례적인 대회였다. 왜냐하면,
    a. 출제자가 출제할 단어가 소진되었기 때문이다.
    b. 8명의 참가자가 공동 우승했기 때문이다.
    c. 우승자가 7세였기 때문이다.
    d. 1등이 실격되고, 2등 참가자가 부전승으로 이겼기 때문이다.

미국프로풋볼리그(NFL)

각 목록에서 순서에 맞게 NFL 팀을 배열해보자.

NFL 참여 순서 (먼저 참여한 팀부터 순서대로)

- 시애틀 시호크스
- 버펄로 빌스
- 볼티모어 레이븐스
- 그린베이 패커스
- 필라델피아 이글스
- 댈러스 카우보이스

도시 인구 (적은 곳부터)

- 뉴욕 제츠
- 피츠버그 스틸러스
- 시카고 베어스
- 클리블랜드 브라운스
- 마이애미 돌핀스
- 샌프란시스코 포티나이너스

슈퍼볼 진출 횟수 (많이 참여한 팀부터)

- 뉴욕 자이언츠
- 뉴잉글랜드 패트리어츠
- 필라델피아 이글스
- 뉴욕 제츠
- 댈러스 카우보이스
- 샌프란시스코 포티나이너스

육상 경기

참일까? 거짓일까?

1. 육상 경기는 첫 올림픽에서 600피트 스타디움 경주로 시작되었다.

2. 자연 지형을 이용한 경기는 '로드 레이싱'이라고 한다.

3. 계주 경기의 마지막 주자를 '피니셔'라고 부른다.

4. 올림픽 10종경기에는 마라톤이 포함된다.

5. 표준 트랙에서 1번 레인과 8번 레인의 차이는 약 50미터다.

6. 고등학교 육상 경기 대회에는 창던지기가 포함되지 않는다.

7. 1912년 올림픽 10종경기와 5종경기의 우승자인 짐 도프는 보수를 받고 야구 선수 생활을 한 것이 밝혀져 메달을 박탈당했다.

8. 로저 배니스터는 1952년 헬싱키 올림픽에서 1마일에 4분이라는 벽을 깨뜨렸다.

9. 장갑을 착용하면 포환을 잘 잡을 수 있어 포환던지기 거리가 늘어난다.

10. 장대높이뛰기는 점핑 경기에 속한다.

e스포츠의 모든 것

1. e스포츠의 e는 '전자의electronic'라는 뜻이고, 스포츠 세계에서는 이것과 관련된 경기를 말한다.

   a. 컴퓨터 코딩

   b. 비디오 게임

   c. 체스

   d. 앱 게임

2. e스포츠 대회는 어떻게 관람할 가능성이 가장 클까?

   a. 스포츠 중계 채널로

   b. 게임 상점에서 실제로

   c. 실시간 스트리밍으로

   d. 줌이나 구글 행아웃 같은 단체 메신저 앱으로

3. e스포츠 용어에서 FPS 게임은 무엇일까?

   a. 플랫 플랫폼 시스템

   b. 퍼스트 퍼슨 슈터(1인칭 슈팅 게임)

   c. 포 플레이어 시스템(4인용 시스템)

   d. 파이브 파트 스트레터지(5단계 전략)

4. 로켓 리그는 범퍼카와 비슷한 게임으로 어떤 전통적인 스포츠를 따라 하는 걸까?

   a. 축구

   b. 풋볼

   c. 야구

   d. 배구

5. 다음에서 생존 전략 게임과 참가자를 모두 처치하고 혼자 살아남는 게임방식을 결합한 배틀로얄 게임의 예로 적합한 것은?

   a. 오버워치

   b. 포트나이트

   c. 카운터 스트라이크: 글로벌 오펜시브

   d. 하스스톤

6. 류, 켄, 춘리는 이 격투 게임의 등장인물이다.

   a. 인저스티스

   b. 모탈 컴뱃

   c. 스트리트 파이터

   d. 철권

7. 닌텐도는 최대 규모의 비디오게임 제작사이지만, e스포츠에는 큰 영향력이 없다. 그러나 이 닌텐도 게임 프랜차이즈는 e스포츠에서 널리 사용된다.

   a. 젤다의 전설

   b. 슈퍼 스매시 브라더스

   c. 마리오 카트

   d. 마리오 테니스

8. EA 티뷰론은 어마어마한 인기를 누리는 이 풋볼게임 시리즈를 개발한 것으로 유명하다.

   a. 테크모 볼

   b. 맥시멈-풋볼

   c. 백브레이커

   d. 매든 NFL

9. 1996년, 톰 캐넌은 최고의 인기를 누리며 매년 열리는 이 격투게임 대회의 기원이 된 '배틀 바이 더 베이'를 처음 개최했다.

   a. 에볼루션 챔피언십 시리즈

   b. 슈퍼 스매시 콘

   c. 리그 오브 레전드 월드 챔피언십

   d. 디 인터내셔널

10. 다음 디지털 수집형 카드 게임에서 실물 수집 카드 게임으로 먼저 출시되지 않은 것은?

   a. 매직: 더 개더링

   b. 포켓몬 트레이딩 카드 게임

   c. 유희왕!

   d. 크론 엑스

만능 스포츠 도시

각 목록에서 연고도시의 팀을 다음 순서대로 배열해보자.
: 풋볼, 야구, 농구, 하키

디트로이트

· 타이거스
· 레드윙스

· 피스턴스
· 라이언스

뉴욕

· 양키스
· 닉스

· 레인저스
· 제츠

필라델피아

· 세븐티식스어스
· 이글스

· 필리스
· 플라이어스

워싱턴 DC

· 레드스킨스
· 캐피털스

· 내셔널스
· 워저즈

로스앤젤레스

· 다저스
· 레이커스

· 킹스
· 램스

보스턴

· 셀틱스
· 브루인스

· 레드삭스
· 뉴잉글랜드 패트리어츠

동물적 본능

1. 앨라배마 크림슨 타이드(풋볼팀)의 마스코트인 빅 알은 서커스와 공화당 지지 지역이 연상되는 이 동물이다.

2. 이 풋볼팀의 로고와 마스코트에는 도시의 이름이 반영되어 있다.

3. 메이저리그 야구팀 중에서 새 이름이 들어간 팀은 몇 개일까?

4. NFL의 팀들은 대형 고양이과 동물을 선호한다. 팀 이름에 사자, 재규어, 흑표범 그리고 어떤 종류의 호랑이가 있을까?

5. 해군 마스코트 빌은 해군사관학교체육회의 초대 회장이었던 이 사람의 첫 번째 반려동물의 이름을 따서 명명되었다. 빌은 어떤 동물일까?

6. 살아 있는 동물을 마스코트로 사용하는 것을 꾸준히 비난하는 단체는?

7. 이 NHL 팀의 사나운 로고에는 부러진 하키 스틱을 입에 문 동물이 등장한다.

8. 레인저와 스트라이커는 육군의 노새다. 부머와 수너는 어느 학교를 대표하는 웨일스 포니일까?

9. NBA, NFL, NHL, MLB 중에서 동물 이름을 딴 팀이 가장 많은 리그는 무엇일까?

10. 바다생물의 이름을 딴 팀이 둘이나 있는 유일한 도시는 어디일까?

운동 용어 (영어 은어 표현 문제가 섞여 있음-옮긴이)

1. DOMS는 새로운 근력 운동을 시작한 뒤에 얻는 것이다. 이 줄임말이 뜻하는 것은?

    a. 지연성 근육통delayed onset muscle soreness

    b. 멍청하고 늙은 근육들은 형편없어dumb old muscles suck

    c. 스쿼트는 이제 그만 시켜don't ordr more squats

    d. 근력의 차이differences of muscle strength

2. 눈에 띄는 근육량을 가진 사람을 묘사하는 말이 아닌 것은?

    a. 슈레디드shredded

    b. 스월swole

    c. 펌프트pumped

    d. 잭트jacked

3. HIIT(고강도 간격 훈련)에 대한 설명으로 맞지 않는 것은?

    a. 심폐능력을 향상시킨다.

    b. 시간 효율성이 높다.

    c. 특별한 장비가 필요하다.

    d. 힘들다.

4. 플랭크는 주로 신체의 어느 부위를 훈련하는 것일까?

    a. 다리

    b. 팔

    c. 코어(몸 중심부) 근육

    d. 어깨

5. 평일에는 너무 바빠서 체육관 회원권을 사용하지 못하는 사람들이다.

    a. 위크엔드 워리어스weekend warriors

    b. 선데이 스터즈Sunday studs

    c. 위크엔더스weekenders

    d. 크래머스crammers

6. 규칙적으로 운동하는 사람들은 운동 결과를 뭐라고 부를까?

    a. 레벨level

    b. 핏빗fitbit

    c. 프로그레소progresso

    d. 게인gain

7. 브로사이언스brosceince의 예가 아닌 것은?

    a. "절대로 공복으로 운동하면 안 돼. 중량을 못 든다고."

    b. "이봐, 반복횟수가 많으면 지방을 더 많이 태울 수 있을 거야."

    c. "커피에 코코넛오일을 넣어서 1년만 마셔봐. 아이큐가 10은 오를 거야."

    d. "체중을 빼려면 사용하는 열량보다 섭취하는 열량이 더 적어야 해."

8. '총Guns'은 어떤 근육을 일컫는 별명일까?

    a. 삼각근

    b. 이두박근

    c. 삼두근

    d. 사두근

9. 다양한 기법과 장비를 이용하여 운동하는 크로스핏은…

    a. 스퀘어 트레이닝이다.

    b. 서킷 트레이닝이다.

    c. 온-오프 워크다.

    d. 마라톤 트레이닝이다.

10. 역기를 드는 사람들은 서로 반대되는 근육끼리 묶어서 운동하기를 좋아한다. 반대되는 근육의 예가 아닌 것은?

    a. 이두근과 삼두근

    b. 사두근과 허벅지 뒤쪽 근육

    c. 어깨와 팔뚝

    d. 가슴과 등

올림픽 금메달

2019년을 기준으로 각 목록에서 순서에 맞게 국가를 배열해보자.

하계올림픽 금메달 수 (많은 나라부터)

· 러시아   · 영국
· 이탈리아   · 미국
· 독일   · 프랑스

동계올림픽 총 메달 수 (많은 나라부터)

· 캐나다   · 노르웨이
· 독일   · 오스트리아
· 미국   · 러시아

하계올림픽 개최 시기 (가장 오래전에 개최한 곳부터)

· 독일   · 이탈리아
· 그리스   · 브라질
· 캐나다   · 미국

동계올림픽 개최 시기 (가장 오래전에 개최한 곳부터)

· 노르웨이   · 러시아
· 프랑스   · 캐나다
· 미국   · 일본

스포츠 홍보

1. 르브론 제임스의 종신 계약은 역사상 유례없이 큰 계약으로, 무려 10억 달러의 가치가 있을 것이라고 한다. 그와 계약을 맺은 기업은?

2. 그는 루이빌 슬러거에 자신의 사인이 보이는 것을 허락함으로써 운동선수로는 처음으로 제품을 홍보하게 되었다.

3. 이 선수의 사이클 실력은 약물 사용으로 빛이 바랬고, 그가 맺은 모든 홍보 계약도 파기되었다.

4. 에보나이트는 이 종목의 참가 선수에게 첫 백만 달러 계약을 제안했다.

5. 광고 계약을 맺은 첫 여성 운동 선수는 골프선수이자 육상 스타인 베이브 디드릭슨 자하리아스였다. 그녀는 이 자동차회사의 차를 구매한 뒤에 광고 제의를 받게 되었다.

6. 1934년부터 이 '챔피언의 아침'은 수백 건의 광고 계약을 만들어내는 원천이 되어왔다.

7. 도덕적 조항 위반으로 모든 광고 계약을 잃은 이 선수는 수감 생활을 마치고 프로풋볼팀으로 다시 돌아왔다. 그리고 계약을 파기했던 기업 중 한 곳과 다시 광고 계약도 맺었다.

8. 〈시카고 트리뷴〉은 이 전직 복싱 챔피언을 '팔리지 않는 수퍼스타'라고 불렀다.

9. O. J. 심슨은 1994년 계약이 끝날 때까지 어떤 렌터카 회사의 매출액을 급등시켰을까?

10. 농구 선수 데릭 로즈는 이 스포츠용품 기업에서 자신의 이름을 딴 신발을 출시했다.

무대 위의 스포츠

1. 이 작품의 제목은 비록 〈댐 양키즈Damn Yankees〉지만, 주로 조 하디와 어떤 메이저리그 야구팀의 업적에 초점을 맞추고 있을까?

    a. 시카고 화이트삭스   b. 워싱턴 세네터스

    c. 클리블랜드 인디언스   d. 디트로이트 타이거즈

2. 연극 〈더 울브스The Wolves〉에는 어떤 종목의 여자 선수들이 등장할까?

    a. 축구

    b. 라크로스

    c. 테니스

    d. 치어리딩

3. 1973년 퓰리처상 수상작을 원작으로 한 영화 〈고향의 챔피언〉에 등장하는 네 남자는 고등학교 시절 이 종목에서 우승한 지 20년이 된 기념으로 당시 은사였던 감독과 재회한다. 어떤 종목이었을까?

    a. 풋볼

    b. 농구

    c. 하키

    d. 야구

4. 〈마이 페어 레이디〉의 일라이자 두리틀은 어떤 스포츠 행사에서 창피를 당하게 될까?

    a. 애스컷 개막 경주

    b. 월드 시리즈

    c. 켄터키 더비

    d. 옥스퍼드 조정 대회

5. 이 영화를 뮤지컬로 각색한 작품은 2014년 토니상 무대디자인 부문에서 수상했다. (작품에는 1열로 밀어 넣을 수 있는 복싱 링이 등장했다.)

    a. 골든 보이

    b. 신데렐라맨

    c. 챔프

    d. 록키

6. 2003년 토니상 최우수작품상을 수상한 〈테이크 미 아웃Take Me Out〉은 인기 운동선수가 커밍아웃하는 과정을 따라간다. 이 이야기는 어떤 스포츠 종목의 탈의실을 배경으로 펼쳐질까?

a. 야구   b. 축구

c. 풋볼   d. 수영

7. 〈해밀턴〉이 탄생하기 한참 전에 린 마누엘 미란다는 이 치어리딩에 관한 영화를 뮤지컬로 각색한 작품에 쓸 가사를 썼다.

a. 리시스트라타Lysistrata

b. 브링 잇 온Bring It On

c. 하이 스쿨 뮤지컬High School Musical

d. 킥 잇 업!Gotta Kick It Up!

8. 어거스트 윌슨의 〈펜스Fences〉는 2016년 덴젤 워싱턴 주연의 영화로 만들어졌다. 이 작품에서 트로이는 무엇 때문에 야구선수 경력을 이어가지 못했을까?

a. 인종차별

b. 징집

c. 부상

d. 가난

9. 『자존심이 아직 중요하던 때When Pride Still Mattered』는 유명한 풋볼 감독에 관한 이 연극의 영감이 되어주었다.

a. 매든Madden

b. 딧카Ditka

c. 롬바르디Lombardi

d. 로크니Rockne

10. 캐나다에서 가장 많이 제작되는 작품을 쓰는 극작가 노먼 포스터는 골프 코스에서 벌어지는 네 남자의 이야기 〈포섬The Foursome〉의 흥행 이후로, 여기에 대응되는 이 작품을 썼다.

a. 미세스 팔러먼츠 나이트 아웃Mrs. Parliament's Night Out

b. 롱 위크엔드The Long Weekend

c. 라스트 리조트The Last Resort

d. 레이디스 포섬The Ladies Foursome

구기 종목

각 목록에서 순서에 맞게 스포츠 종목을 배열해보자.

공의 원둘레 (작은 것부터)

- 테니스
- 축구
- 배구
- 농구
- 골프

경기장 크기 (작은 것부터)

- 농구
- 테니스
- 보체볼
- 풋볼
- 실내 배구

득점 부분(골대, 바스켓 등) 크기 (작은 것부터)

- 농구
- 아이스하키
- 라크로스
- 축구
- 골프

영화 속 스포츠

1. 이 영화에서 애덤 샌들러가 연기하는 주인공은 달려가서 티숏을 쳐서 타거리를 늘린다.

2. 휴 허드슨의 오스카 수상작인 이 영화는 1920년대 영국 육상 선수에 관한 이야기로 주제가 외에도 기억할 것이 많다.

3. 〈웨스트 윙The West Wing〉의 유명 작가가 내놓은 이 드라마는 토크쇼에 관한 내용으로, 몇 시즌 만에 종영했다.

4. 커트 러셀 주연의 이 2004년 영화는 1980년 미국 남자 하키팀의 올림픽 금메달을 향한 여정을 기록한다.

5. 조엘 코엔과 에단 코엔은 이 독특한 볼링 영화로 컬트의 고전을 완성했다.

6. 카일 챈들러와 코니 브리튼은 〈프라이데이 나이트 라이트〉에서 주연을 맡았다. 이 작품의 배경인 가공의 마을 딜론은 어느 주에 있을까?

7. 대런 아로노프스키의 프로레슬링에 관한 암울한 영화 〈더 레슬러〉에서 주인공 랜디 더 램 로빈슨 역할을 맡은 배우는 누구일까?

8. '미국의 전설'이라는 부제가 붙은 원작도서를 바탕으로 한 이 영화는 유명한 경주마에 관한 이야기를 담고 있다.

9. 1971년에 발표된 이 영화에서 빌리 디 윌리엄스는 시카고 베어스의 위대한 선수 게일 세이어즈 역할을 맡았다.

10. 1970년대에 아프리카계 미국인을 대거 등장시킨 이 획기적인 작품에서 켄 하워드는 고등학교 농구부 감독을 연기했다.

명예의 전당

1. 2007년에 행크 아론의 755회 홈런 기록을 깨고, 2019년 기준으로 여전히 최다 홈런 기록을 유지하고 있지만, 아직 명예의 전당에 오르지 못한 선수는?

　a. 알렉스 로드리게스

　b. 마크 맥과이어

　c. 배리 본즈

　d. 켄 그리피 주니어

2. 다음에서 가장 먼저 생긴 명예의 전당은?

　a. 프로 풋볼 명예의 전당

　b. 미국 야구 명예의 전당

　c. 네이스미스 농구 명예의 전당

　d. 미국 하키 명예의 전당

3. 2009년 농구 명예의 전당에 오른 선수 중에서 현재 샬럿 호니츠 팀의 구단주가 된 사람은?

　a. 제리 슬론

　b. 존 스탁턴

　c. 마이클 조던

　d. 데이비드 로빈슨

4. 로널드 레이건과 아트 링클레터, 에스더 윌리엄스, 모나코 대공은 모두 이 스포츠에서 이룬 업적을 기념하는 국제 명예의 전당 금메달을 수상했다.

　a. 수영

　b. 조정

　c. 배구

　d. 육상

5. 웨인 그레츠키는 등 번호가 영구결번으로 남은 유일한 NHL 선수다. 그의 등 번호는?

　a. 4

　b. 9

　c. 27

　d. 99

6. 로드아일랜드주 뉴포트에 있는 국제 테니스 명예의 전당에는 윔블던 단식에서 8회 우승한 이 선수의 홀로그램이 있다.
   a. 라파엘 나달
   b. 로저 페더러
   c. 리처드 시어스
   d. 노박 조코비치

7. NASCAR를 기념하며 2006년에 문을 연 이 명예의 전당은 어느 도시에 있을까?
   a. 테네시 브리스톨
   b. 플로리다 데이토나
   c. 네바다 라스베이거스
   d. 노스캐롤라이나 샬롯

8. 이 육상선수가 1988년에 세운 100미터와 200미터 기록은 여전히 건재하다. 하지만 안타깝게도 신기록을 세우고 10년 뒤에 그녀는 세상을 떠났다.
   a. 플로렌스 그리피스 조이너
   b. 재키 조이너 커시
   c. 멀린 오티
   d. 카멜리타 지터

9. 미국 올림픽 명예의 전당에 가입한 감독은 4명밖에 없다. 1980년 미국 하키팀을 승리로 이끈 감독은 누구일까?
   a. 에드 템플
   b. 허브 브룩스
   c. 에이비 그로스펠드
   d. 카를로 파시

10. 애비 웜바크는 사상 최고의 득점 기록으로 2019년 미국 축구 명예의 전당에 올랐다. 그녀가 신기록을 세우기 전까지는 누가 최고 기록을 보유하고 있었을까?
    a. 미아 햄
    b. 신디 팔로
    c. 브랜디 체스테인
    d. 조이 포셋

말 달리자

경마대회, 개최 시기 순으로 (1월부터 시작)

- 프리크니스 스테이크스
- 켄터키 더비
- 브리더스 컵
- 벨몬트 스테이크스
- 휘트니 핸디캡
- 트래버스 스테이크스

미국 3관마, 우승연도 순으로 (이른 것부터)

- 시애틀 슬루
- 어펌드
- 세크리테어리엇
- 사이테이션
- 워 애드머럴
- 아메리칸 파라오

유명한 기수 (우승을 가장 많이 한 사람부터)

- 게리 스티븐스
- 에디 아카로
- 조지 울프
- 라피트 핀케이 주니어
- 윌리 슈메이커

최고의 명예

1. 유명 감독의 이름을 딴 이 트로피는 슈퍼볼 우승팀에게 돌아간다.

2. 축구에서 가장 명망 있는 상으로, 4년에 한 번씩 시상한다.

3. NHL 플레이오프에서 승리한 팀에게 주는 이 상은 무게가 약 35파운드에 달한다.

4. 다운타운 애슬래틱 클럽의 전임 감독의 이름을 딴 이 상은 매년 뛰어난 대학 풋볼 선수에게 수여된다.

5. NASCAR의 몬스터 에너지 시리즈 우승자는 2008년 새로운 후원자를 맞아 이름을 변경한 이 컵을 가져간다.

6. 축구, 야구, 농구, NASCAR의 우승컵과 반지 등을 제작하는 유명 보석세공업체는?

7. 마스터즈와 US오픈, 전영오픈, PGA 챔피언십에 이르기까지 가장 규모가 큰 골프대회 4개를 통틀어 뭐라고 부를까?

8. 월드시리즈 우승자가 이 상을 받는다.

9. 이 테니스 대회의 단식 우승자들은 유사한 어떤 대회에서도 빌을 수 없는 무려 680만 달러의 상금을 가져간다.

10. NBA 결승전 우승팀은 이 상을 가져간다.

올림픽

1. 1920년 처음 도입된 올림픽 오륜은 피에르 쿠베르탱이 디자인했다. 그가 고른 색상들은…

    a. 다양성을 반영하기 위한 것이었다.

    b. 모든 국기에 최소한 한 가지는 들어가는 것이었다.

    c. 당시의 인쇄 기술에 맞춘 것이었다.

    d. 뚜렷한 대조를 이루는 것이었다.

2. 올림픽은 전쟁 때문에 몇 번이나 취소되었을까?

    a. 두 번

    b. 세 번

    c. 네 번

    d. 다섯 번

3. 미국인 에디 이건은 독특한 올림픽 이력이 있다. 무엇일까?

    a. 그는 동계와 하계 올림픽에서 모두 금메달을 땄다.

    b. 그는 복싱에서 개인 금메달을 가장 많이 딴 선수다.

    c. 그는 미국인 최초로 금메달을 땄다.

    d. 그는 2개국의 대표선수로 출전해 금메달을 땄다.

4. 100미터와 200미터 단거리 경주 세계기록을 모두 보유한 자메이카 선수는 누구일까?

    a. 아사파 포웰

    b. 우사인 볼트

    c. 요한 블레이크

    d. 네스타 카터

5. 여자 체조에서 가장 많은 금메달을 획득한 국가는?

    a. 러시아

    b. 미국

    c. 체코

    d. 루마니아

6. 2028년 하계올림픽 개최지는?

    a. 런던

    b. 시드니

    c. 파리

    d. 로스앤젤레스

7. 1924년 동계올림픽이 처음 도입되었을 때, 최초로 개최한 국가는?

    a. 프랑스

    b. 미국

    c. 독일

    d. 노르웨이

8. 2019년을 기준으로, 금메달 23개를 포함하여 올림픽 메달 총 28개를 획득해 가장 많은 메달을 딴 선수는 누구일까?

    a. 마크 스피츠

    b. 플로렌스 존슨

    c. 우사인 볼트

    d. 마이클 펠프스

9. 동계올림픽과 하계올림픽 사이에 새롭게 간격을 두기 위해, 2년 만에 동계올림픽을 개최한 시기는 언제였을까?

    a. 1992년과 1994년

    b. 1994년과 1996년

    c. 1990년과 1992년

    d. 1988년과 1990년

10. 2020 도쿄 올림픽에 새로 추가된 종목이 아닌 것은?

    a. 치어리딩

    b. 스케이트보딩

    c. 가라데

    d. 서핑

1. 2015년 4월, 시카고 화이트삭스는 캠든 야드에서 볼티모어 오리올스와 경기가 예정되어 있었지만 도시의 불안한 상황으로 인해 어떤 역사적 결정이 내려졌을까?

2. 비록 요즘은 덜하지만, 1980년대에 축구선수 토니 프랭클린에 의해 이것이 처음 알려졌을 때만 해도 상당한 인기를 끌었다.

3. 레이븐스와 포티나이너스가 맞붙은 47회 슈퍼볼은 어떤 기술적 문제로 34분간 중단되었을까?

4. NBA 명예의 전당에 입성한 할 그리어는 자유투를 던지면서 어떤 독특한 행동을 했을까?

5. 딕 포스버리는 어떤 육상 종목에서 더 좋은 성적을 내기 위해 전통적인 방법을 피하고 새롭게 '포스버리 플롭(배면뛰기)'을 개발했을까?

6. 명예의 전당에 헌액된 투수 랜디 존슨은 위대한 업적을 많이 세웠다. 그런데 시속 100마일의 빠른 공으로 그는 우연히 어떤 일을 했을까?

7. 1988년 서울 올림픽 개막식에서는 이것 때문에 비둘기들이 죽었다.

8. 1988년, 새해 전날 열린 NFL 플레이오프에서 이글스와 베어스는 이것 때문에 20피트 이상은 앞을 내다볼 수 없었다.

9. 모니카 셀레스가 활용하기 한참 전에, 판초 세구라는 이 타법을 사용하여 잭 크레이머가 테니스 역사상 가장 위대한 한 타라고 했던 것을 만들어냈다.

10. 할 그리어처럼 릭 배리도 유행하지 않은 독특한 기술을 사용해 자유투를 던졌다. 그의 기술은 무엇이었을까?

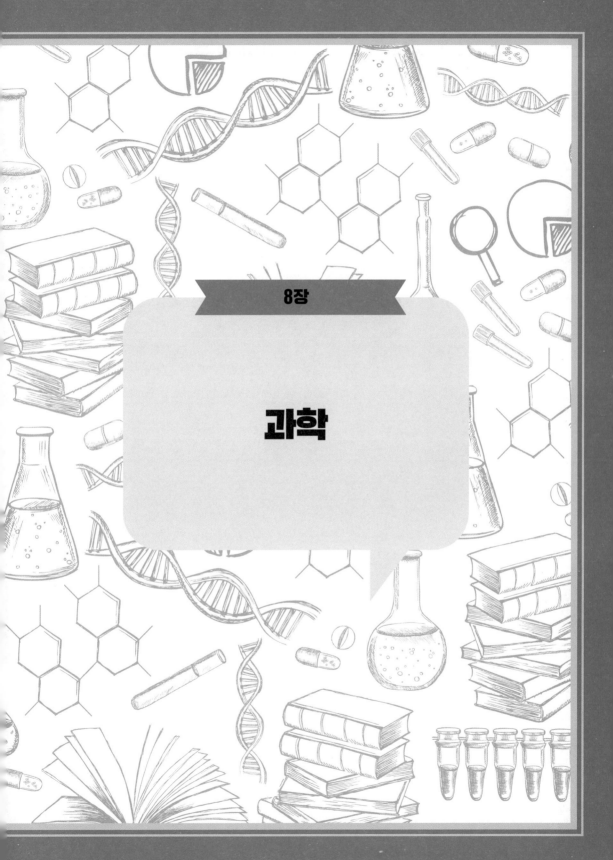

8장

과학

뭔학(Whatology)?

다음 각 주제에 맞는 학문을 찾아보자.

1. 생명

2. 심장

3. 신경

4. 암

5. 고대생물

6. 동물

7. 약물

8. 지진

9. 독극물

10. 혈액

8장 문제의 정답은 312쪽부터 차례대로 찾을 수 있다.

인간 신체

1. 인간 근육의 유형이 아닌 것은?
- a. 민무늬
- b. 골격
- c. 심장
- d. 말초

2. 호르몬 생성을 촉진해 신체 기능에 영향을 주는 계통은?
- a. 생식기
- b. 내분비
- c. 소화기
- d. 면역

3. 인간 신체에서 가장 큰 근육은?
- a. 활배근
- b. 삼두근
- c. 봉공근
- d. 대둔근

4. 소위 사랑니는 사실 어떤 형태의 치아가 마지막으로 나타나는 것일까?
- a. 앞니
- b. 앞어금니
- c. 송곳니
- d. 어금니

5. 2019년, 미국에서 평균 기대수명은 82.004세로 최고 기대수명 87.292세보다 약 5년이 짧았다. 기대수명이 가장 긴 이 독립 영토는 어디일까?
- a. 아이슬란드
- b. 노르웨이
- c. 홍콩
- d. 칠레

6. 인간 신체에서 털이 가장 빨리 자라는 부위는?

   a. 얼굴

   b. 머리

   c. 다리

   d. 겨드랑이

7. 주름이 생기는 원인이 아닌 것은?

   a. 나이

   b. 태양

   c. 흡연

   d. 스트레스

8. 성인보다 아기에게 더 많은 것은?

   a. 치아

   b. 뼈

   c. 땀구멍

   d. 눈물

9. 손톱과 발톱의 주성분은?

   a. 칼슘

   b. 케라틴

   c. 콜라겐

   d. 각질

10. '낯가죽이 두껍다'라는 표현도 있지만, 사실 피부 두께는 다양하다. 가장 두꺼운 부위는 어디일까?

   a. 팔꿈치

   b. 둔근

   c. 뒤꿈치

   d. 허벅지 앞쪽

신체 감각

각 목록에서 신체 부위를 순서에 맞게 배열해보자.

뼈 (긴 것부터)

- 8번 늑골
- 척골
- 상완골
- 흉골
- 대퇴골
- 비골

뼈 (머리에서 발가락으로)

- 1번 종족골
- 요골
- 설골
- 두개골
- 경골
- 하악골

근육 (머리에서 발가락으로)

- 봉공근
- 승모근
- 대흉근
- 활배근
- 대둔근
- 비복근

장기 (무거운 것부터)

- 피부
- 췌장
- 창자
- 두뇌
- 비장
- 심장

필요는 발명의 어머니, 필요의 아이는 발명

1. 이 초기 발명품은 매우 중요하고 특별해서, 영어에서 '이것을 다시 발명한다'는 말은 이미 만족스럽게 완성된 일을 불필요하게 다시 한다는 뜻으로 쓰인다.

2. 미 국방부 고등연구계획국의 APRANET은 이것의 1960년대식 시초였다.

3. 무언가를 발명했다고 인정받는 사람은 어떤 발명품을 상업적으로 성공할 수 있을 만큼 발전시킨 것일 경우가 많다. 인쇄기는 누가 그렇게 발전시켰을까?

4. 이 도구를 누가 발명했는지 아무도 모른다. 하지만 농업혁명에 핵심적 역할을 했다.

5. 시간이 흐르면서 이 발명품은 제빙 생산에 대한 기본적인 필요를 없앴다.

6. 대부분 제임스 와트의 업적으로 인정하는 이 발명품은 산업혁명에서 가장 중요한 것으로 이야기된다.

7. 칼 벤츠는 최초의 자동차를 발명한 것으로 인정받는다. 하지만 평범한 미국인들이 자동차를 구매할 수 있게 만든 공은 누구에게 돌려야 할까?

8. 라이트 형제는 최초의 성공적인 비행기에 이렇게 단순한 이름을 붙여주었다.

9. 1954년, 스완슨은 이 혁신적인 냉동식품을 소개했지만, 원래 이름은 1960년대에 포장지에서 사라졌다.

10. 지금은 그저 편리하게 보이지만, 이 제품이 처음 발명되었을 때 핵심 목표는 번지는 얼룩을 없애는 것이었다.

과학계의 여성

1. 1901년 이후로 물리학, 화학, 생리학, 의학 분야에서 노벨상을 수상한 여성은 몇 명일까?

    a. 31명

    b. 20명

    c. 42명

    d. 29명

2. 제인 구달은 어떤 동물에 대한 최고 전문가로 인정받을까?

    a. 고릴라

    b. 아프리카황금고양이

    c. 침팬지

    d. 코끼리

3. 여성이 처음으로 우주에 간 지 20년이 흐른 뒤에, 우주에 간 세 번째 여성은 누구일까?

    a. 크리스타 매콜리프

    b. 샐리 라이드

    c. 스베틀라나 사비츠카야

    d. 주디스 레스닉

4. 그녀와 남매 사이인 윌리엄은 유명한 천문학자였다. 그녀 역시 최초로 혜성을 발견한 여성이었다.

    a. 헨리에타 스완 리비트

    b. 메리 헬리

    c. 캐롤라인 허셜

    d. 루비 페인 스콧

5. 산부인과 의사로서 그녀는 신생아의 건강을 진단하는 방법을 개발한 것으로 잘 알려져 있다.

    a. 아나 아슬란

    b. 도나 윙 베이커

    c. 버지니아 아프가

    d. 엘렌 케슬러

6. 19세기 초 영국의 화석전문가 메리 애닝은 어떤 종류의 공룡을 발견해 명성을 얻었을까?

a. 나는 공룡

b. 육식성 육지 공룡

c. 수생 공룡

d. 동굴 생활하는 공룡

7. 세례명 플로렌스 나이팅게일 그레이엄은 자신의 바꾼 이 이름을 화장품과 동의어로 만들었다. 그리고 처음에는 그녀가 직접 제품을 만들었다.

a. 코코 샤넬

b. 엘리자베스 아덴

c. 에스티 로더

d. 헬렌 커티스

8. 그녀는 미국에서 처음으로 의대를 졸업한 여성이었다.

a. 오드리 에반스

b. 클라라 바턴

c. 엘리자베스 블랙웰

d. 엘리자베스 브리튼

9. 컴퓨터과학자이자 해군 소장으로 일한 그레이스 호퍼는 어떤 초기 프로그래밍 언어를 개발하게 되었을까?

a. COBOL

b. FORTRAN

c. BASIC

d. Ruby

10. 바버라 매클린턱은 전이성 유전인자를 발견한 공으로 1983년 노벨상을 받았다. 그녀는 무엇을 연구하며 이를 발견했을까?

a. 쥐

b. 옥수수

c. 돼지

d. 콩 식물

수금지화목토천해

각 목록에서 행성들을 순서에 맞게 배열해보자.

평균 기온 (높은 것부터)

· 목성
· 토성
· 수성

· 해왕성
· 천왕성
· 금성

크기 (작은 것부터)

· 수성
· 천왕성
· 지구

· 해왕성
· 금성
· 목성

위성의 수 (적은 것부터)

· 수성
· 토성
· 해왕성

· 천왕성
· 지구
· 목성

그냥 한번 시험해보는 거야

1. 과학적 방법에 따르면 실험은 이것을 증명하거나 부정하기 위해 수행하는 것이다.

2. 아리스토텔레스는 무거운 물체는 가벼운 것보다 더 빨리 떨어진다고 믿었다. 그가 틀렸음을 입증한 사람은 누구일까?

3. 의학 연구에서, 이것은 유효한 약물이나 치료를 받지 않는 사람들을 말한다.

4. 개에게 간헐적 자극을 주면서 조건 형성을 한 실험 덕분에 이 사람의 이름을 누구나 알게 되었다.

5. 이 과학자의 완두콩을 이용한 실험은 유전학의 근간이 되었다.

6. 실험자나 피실험자 모두 실험 집단과 통제 집단의 정체를 모르는 채 진행하는 연구를 무엇이라고 할까?

7. 그는 사과를 보았고, 미적분학을 발명했고, 백색광을 여러 색으로 분해하기도 했다.

8. 앨버트 반두라 박사의 보보 인형 실험은 역할 모델의 영향을 보여주려는 것이었다. 그리고 계속 진행 중인 어떤 논쟁의 한 부분이기도 했다.

9. 이 여성의 살해 사건은 방관자 효과를 논의할 때 자주 인용된다. 방관자가 많을수록 누군가가 나서서 도와줄 확률은 낮아진다는 것이다.

10. 이 '신의 입자'는 1964년 이것과 같은 이름을 가진 학자(와 다른 사람들)에 의해 처음 제안된 것으로, 2013년까지는 존재가 확실히 증명되지 않았다.

암석과 광물

1. 다음 중 사실인 것은?

    a. 모든 암석은 광물을 포함한다.

    b. 암석 형태는 고정되어 있다.

    c. 암석은 독특한 결정 구조를 가진다.

    d. 암석은 언제나 단단하다.

2. 유명한 호프 다이아몬드는 어떤 색일까?

    a. 흰색

    b. 파란색

    c. 빨간색

    d. 노란색

3. 모스 척도는 광석의 어떤 특성을 측정하는 것일까?

    a. 색

    b. 단단함

    c. 무게

    d. 화학적 구성

4. 화산암은 어떤 종류의 암석인가?

    a. 화성

    b. 퇴적

    c. 변성

    d. 폭발성

5. 다이아몬드는 암석이라고 불리지만, 사실은 이것을 뜻하는 그리스어에서 이름을 딴 광물이다.

    a. 깨지지 않는

    b. 많은 빛의

    c. 소중한

    d. 신의 눈

6. 지구의 단단한 표면 대부분을 덮고 있는 암석의 종류는?

　a. 화성암

　b. 변성암

　c. 퇴적암

　d. 외부암

7. 경록과 루비는 보석으로 쓰이는 가장 비싼 광물에 속하지만, 다른 용도를 가진 어떤 광물들이 최고가를 차지할까?

　a. 요오드

　b. 흑연

　c. 아연

　d. 리튬

8. 공식적으로 인정된 4,000여 개의 광물 중에서 우리가 흔히 사용하는 것은 대략 몇 가지일까?

　a. 30

　b. 100

　c. 300

　d. 1,000

9. 우주 암석 혹은 운석은 대부분 무엇으로 이루어져 있을까?

　a. 코런덤

　b. 철

　c. 납

　d. 인

10. 다음에서 광물에 대한 사실이 아닌 것은?

　a. 자연적으로 발생한다.

　b. 무기물이다.

　c. 고정된 화학 구조를 가진다.

　d. 고체, 액체, 기체의 형태가 있다.

기본이지!

각 목록에서 원소들을 순서대로 배열해보자.

원자 번호 (낮은 번호부터)

·백금	·염소
·탄소	·수소
·크립톤	·플루토늄

원소 기호 알파벳 순서

·은	·수은
·아르곤	·금
·납	·칼륨

인체에 포함된 양 (많은 것부터)

·산소	·나트륨
·질소	·탄소
·수소	·칼슘

과학의 법칙

보기

·아벨	·아인슈타인	·케플러
·아르키메데스	·페르마	·뉴턴
·베르누이	·가우스	·옴
·쿨롱	·하이젠베르크	
·다윈	·허블	

1. 그는 우주가 팽창하는 속도를 나타내는 법칙을 개발했다.

2. 그는 행성이 태양 주위를 도는 방식을 설명하는 세 가지 법칙을 만들었다.

3. 그는 자연적 선택이 지구 생명의 다양성을 고려한다고 결정했다.

4. 그의 만유인력 법칙은 어떤 두 물체든 서로에게 끌어당기는 힘을 행사한다는 것이다.

5. 이야기에 따르면 이 사람이 욕조에 들어갔을 때 부력을 발견했다고 한다.

6. 일반 상대성 이론에서 그는 공간과 시간은 절대적인 것이 아니라고 말했다.

7. 그의 운동 법칙은 물리학의 기본이다.

8. 이 과학자는 두 지점 사이의 전류의 세기는 전압에 비례한다고 했다.

9. 이 사람의 이름을 딴 이 법칙은 전하를 가진 물체가 서로 밀거나 당기는 힘을 정량화한다.

10. 이 사람의 법칙에 따르면 광선이 선택하는 경로가 가장 빠른 길이다.

진화하고 싶다면

1. 현대의 진화 이론은 찰스 다윈의 어떤 저서에 근거를 두고 있을까?

    a. 『자연적 선택에 관하여』

    b. 『비글호 항해기』

    c. 『인간의 유래와 성 선택』

    d. 『종의 기원』

2. 생물학적 진화는 37억 년 전에 무엇으로 시작되었을까?

    a. 박테리아

    b. 해파리

    c. 새

    d. 해초

3. 진화론적 관점에서, 다음 중에 종류가 다른 하나는?

    a. 바다표범

    b. 고양이

    c. 개

    d. 곰

4. 새와 가장 가까운 파충류는?

    a. 악어

    b. 거북

    c. 도마뱀

    d. 뱀

5. 뱀도 도마뱀처럼 한때 다리가 있었다는 것을 보여주는 증거는?

    a. 변형된 다리

    b. 관골

    c. 다리가 있었을 자리에 남은 원형 반점

    d. 작고 뭉툭한 부위

6. 인구의 8%만 공유하는 특성으로, 6,000년에서 1만 년 전에 일어난 단일한 유
전적 돌연변이의 결과로 나타나는 것은?

   a. 떨어진 귓불

   b. 왼손잡이

   c. 파란 눈

   d. 곱슬머리

7. '적자생존'은 누가 만든 말일까?

   a. 찰스 다윈

   b. 허버트 스펜서

   c. 알베르트 아인슈타인

   d. 마거릿 미드

8. 인간의 귀 뼈는 물고기의 어떤 종류 뼈에서 시작되었을까?

   a. 두개골

   b. 턱

   c. 늑골

   d. 코

9. 자손에게 전해질 수 있는 돌연변이는…

   a. 생식세포 돌연변이다.

   b. 발생기 돌연변이다.

   c. 체세포 돌연변이다.

   d. 최초 돌연변이다.

10. 이족보행으로 진화한 것과 관련되어 나타나는 문제가 아닌 것은?

   a. 출산의 어려움

   b. 요통

   c. 발 통증

   d. 편두통

천연자원에 관하여

각 목록에서 순서에 맞게 항목을 배열해보자.

탄소발자국 (큰 것부터)	
· 양고기	· 치즈
· 참치	· 소고기
· 감자	· 렌틸콩

물발자국 (큰 것부터)	
· 1리터들이 생수 한 병	· 우유
· 오렌지 주스 한 잔	· 커피 한 잔
· 차 한 잔	· 와인 한 잔

현재 사용량을 유지할 때 예상한 남은 사용 연한 (적은 것부터)	
· 석탄	· 석유
· 천연가스	· 모든 지역에서 사용할 수 있는 물

시간당 전력 사용량 (많은 것부터)	
· 에어컨	· 컴퓨터
· 백열등	· 의류건조기
· 전기 버너	

오감

1. 다른 동물과 비교해서 인간이 더 약한 감각은 무엇일까?

2. 혀로 감지할 수 있는 네 가지 맛은?

3. 간상세포와 추상세포는 어떤 감각과 관련이 있을까?

4. 참일까? 거짓일까?: TV에 너무 가까이 앉으면 시력이 손상된다.

5. 후각신경은 어떤 감각에 중요할까?

6. 화학적 감각으로 간주되는 두 감각은 무엇일까?

7. 네 가지 촉각으로 느끼는 것은 냉기, 열기, 접촉, 그리고 무엇일까?

8. 여섯 번째 감각은 일반적으로 무엇을 가리킬까?

9. 촉각에 문제가 있다면 어떤 의사를 만나야 할까?

10. 색을 듣고 소리를 보는 사람은 무엇이라고 불러야 할까?

고등학교 화학

1. 가스 불꽃 조절이 가능한 1구 실험용 버너를 발명한 사람은?
a. 헨리 하이델베르크
b. 로베르트 분젠
c. 제랄드 가스통
d. 프레드릭 페르미

2. 물질의 상태가 아닌 것은?
a. 고체
b. 플라즈마
c. 액체
d. 얼음

3. 물질의 상태를 변화시키는 것이 아닌 것은?
a. 얼리기
b. 녹이기
c. 증발시키기
d. 폭발시키기

4. 암모니아의 화학식은?
a. H_2O
b. $NaCl$
c. NH_3
d. CH_4

5. 화학 반응에서 화학적 결합은 이것의 움직임으로 인해 생성되거나 깨지는 경향이 있다.
a. 원자
b. 전자
c. 이온
d. 산

6. 수를 나타내는 접두어의 순서가 맞지 않는 것은?

   a. deci, deca, kilo, hecto

   b. mega, giga, tera, peta

   c. peta, exa, zetta, yotta

   d. micro, milli, centi, deci

7. 기초 재료가 아닌 것은?

   a. 가성소다

   b. 암모니아

   c. 식초

   d. 비누

8. 원소의 원자 번호는 무엇의 수로 결정될까?

   a. 양성자

   b. 원자

   c. 전자

   d. 중성자

9. 화학식이란…

   a. 화학적 반응의 상세한 설명이다.

   b. 한 개나 그 이상의 물질이 달라지면서 일어나는 과정이다.

   c. 반응물질이 새로운 생성물을 만드는 화학적 변화다.

   d. 한 분자에 들어 있는 원자의 수와 종류이다.

10. 번개가 치면 화학적 반응은 어떤 산소화합물을 만들어낼까?

   a. 오존

   b. 이산화탄소

   c. 과산화수소

   d. 황산화물

과학적 특수효과

1. 앨프레드 히치콕은 그의 흑백 영화 〈사이코〉에서 이것을 표현하기 위해 초콜릿 시럽을 사용한 것으로 유명하다.

2. 이 이산화탄소 고체는 안개 효과를 만들 때 가장 선호되는 방식이다.

3. 양철 인간의 유독한 금속 분장 때문에 원래 배역을 맡았던 버디 엡슨은 병원 신세를 져야 했다. 누가 그를 대신해서 〈오즈의 마법사〉에 출연했을까?

4. 손으로 그린 애니메이션을 대체한 것은 무엇일까? 덕분에 디즈니조차 2011년 이후로는 수작업을 하지 않고 있다.

5. 1990년대 디지털의 시대가 오기 전에 영화의 배경은 실제로 무엇이었을까? 〈혹성탈출〉의 마지막 장면을 떠올려보자.

6. 1933년의 〈킹콩〉에서 1980년대의 〈제국의 역습〉에 이르기까지 인형이나 모델 피규어의 애니메이션을 보여주기 위해 어떤 기법이 사용되었을까?

7. 1956년, 세실 B. 드밀은 이 특수효과를 만들기 위해 어마어마한 기술과 30만 갤론의 물을 사용했다고 한다. 이것은 당시까지만 해도 가장 비용이 많이 든 특수효과로 알려져 있다.

8. 〈인디펜던스데이〉와 같은 영화는 진짜 폭발을 보여주지만, 실제 건물이 폭발하는 것은 아니다. 그 대신 무엇을 박살내는 것일까?

9. 1961년의 〈페어런트 트랩〉과 같은 영화들은 한 명의 여배우로 일란성 쌍둥이를 만들기 위해 어떤 기술을 사용했을까?

10. 1981년, 〈런던의 늑대인간〉에서는 인공 기계 팔다리를 사용해 오스카상의 어느 부문에서 최초로 상을 받았을까?

고등학교 생물

1. 인간의 혈액형이 아닌 것은?

    a. A

    b. B

    c. C

    d. AB

2. 맨눈으로 볼 수 있는 인체 세포는?

    a. 난세포

    b. 혈구

    c. 근세포

    d. 지방세포

3. 인간에게는 46개의 염색체가 있다. 다음 유기체 중에서 더 많은 염색체를 가진 것은?

    a. 붉은털원숭이

    b. 고양이

    c. 양

    d. 돼지

4. 다음 중에서 인간과 가장 많은 유전적 물질을 공유하는 것은?

    a. 고양이

    b. 바나나

    c. 닭

    d. 쥐

5. 같은 종류의 세포 모음을 무엇이라고 할까?

    a. 세포깍지

    b. 조직

    c. 장기

    d. 소기관

6. 세계적으로 인간 사망의 가장 큰 원인은?

    a. 뇌졸중

    b. 치매

    c. 암

    d. 심장질환

7. 전염성이 없는 질병은?

    a. 라임병

    b. 기관지염

    c. 무좀

    d. 천연두

8. 진균학은 무엇을 연구하는 식물학의 한 분야일까?

    a. 식물화석

    b. 곰팡이

    c. 조류

    d. 이끼

9. 퍼넷 사각형이 예측에 도움이 되는 생물학의 분야는 무엇일까?

    a. 유전학

    b. 생태학

    c. 식물학

    d. 생리학

10. 삼투 현상이란 무엇일까?

    a. 수동적 세포 이동

    b. 안정적 환경을 유지할 수 있는 유기체의 능력

    c. 세포의 에너지 생산

    d. 세포막을 통한 물 확산

하늘의 별

1. 별자리는 100개보다 많을까? 적을까?

2. 큰곰자리와 작은곰자리를 부르는 다른 이름은?

3. 별똥별이란 무엇일까?

4. 별을 이루는 두 가지 주요 성분은 무엇일까?

5. 별자리 이름의 첫 글자로 가장 많이 쓰인 알파벳은?

6. 그리스의 신화적인 수생 괴물을 따라 이름이 정해진 이 별자리는 하늘 면적을 대부분 차지한다.

7. 참일까? 거짓일까?: 우리 은하에는 약 1500억 개의 별이 있다.

8. 우리는 12개로 고정되어 있다고 생각하지만, 이것의 13번째 별자리는 뱀주인자리다.

9. 별은 단 한 가지 색을 제외한 모든 무지개색으로 보일 수 있다. 이 색은?

10. 은하에서 가장 흔하고 가장 수명이 긴 별은 무엇일까?

우주 맛보기

1. 외계는 조용하다. 왜냐하면…

    a. 대기가 없기 때문이다.

    b. 소음을 만들 것이 없기 때문이다.

    c. 우리가 들을 수 있는 것보다 소리가 이동하는 데 더 오래 걸린다.

    d. 음속 장벽 건너편이다.

2. 헬리 혜성은 1986년에 마지막으로 보였다. 다음에는 언제 볼 수 있을까?

    a. 2086년

    b. 2036년

    c. 2061년

    d. 2028년

3. 같은 금속 조각 두 개가 우주에서 닿으면 어떻게 될까?

    a. 블랙홀이 생성된다.

    b. 유성우가 생성된다.

    c. 결합한다.

    d. 아무 일도 일어나지 않는다.

4. 우리 달에 대한 설명이 아닌 것은?

    a. 달은 상당히 크다.

    b. 반대편은 어둡다.

    c. 한때는 지구의 일부였을 것이다.

    d. 닐 암스트롱의 발자국이 아직 남아 있다.

5. 올림푸스몬스화산은 에베레스트보다 더 큰 화산으로, 어떤 행성에 있는 것일까?

    a. 목성

    b. 금성

    c. 해왕성

    d. 화성

6. 다중행성 생활을 가능하게 한다는 목표로 2002년 SpaceX를 설립한 사람은 누구일까?
   a. 일론 머스크
   b. 워렌 버핏
   c. 빌 게이츠
   d. 제프 베이조스

7. 2019년을 기준으로 스페이스 어드벤처스는 승객당 최소한 얼마의 비용을 받고 관광객들을 우주로 보내는 유일한 회사일까?
   a. 5,000만 달러
   b. 1억 2,500만 달러
   c. 2억 달러
   d. 5억 달러

8. 우리 우주의 나이는?
   a. 137억 년
   b. 202억 년
   c. 108억 년
   d. 39억 년

9. 오래된 위성 부품, 도구, 탱크, 우주 임무 수행 중에 남은 다른 잔해들은 지구 궤도를 돌고 있다. 이런 물품들을 통틀어 뭐라고 부를까?
   a. 더 스페이스 덤프
   b. 정크 문스
   c. 가비지 문스
   d. 스페이스 정크

10. 은하의 중심에는 거대질량 블랙홀이 있다. 이것을 뭐라고 부를까?
    a. 사수자리 A*
    b. 전갈자리 A*
    c. 염소자리 A*
    d. 쌍둥이자리 A*

기술의 활약

각 목록에서, 기술적 혁신이 이행된 시간 순서대로 이른 것부터 배열해보자.

초기 혁신

- 도구
- 나침반
- 불
- 항해
- 인쇄
- 관수법

19세기 혁신

- 전기 불빛
- 전화
- 철도
- 사진
- 자동차
- 증기기관

20세기 혁신

- 우주비행
- 라디오
- 텔레비전
- 원자력발전
- 개인용 컴퓨터
- 인터넷

21세기 혁신

- 위키피디아
- 최초의 인공장기 이식
- USB메모리
- 아이패드
- 인간 유전체 사업
- 달 뒤편에 연착륙

영화 속 과학

1. 멸종을 되돌리는 행위가 가지는 잠재적 위험을 검토해보는 것이 이 고전 영화의 핵심 주제다.

2. 우주에서 겪는 고립과 공포를 그린 이 영화의 주연은 샌드라 블록이다.

3. 매카시즘을 논의하는 수단으로서 〈침묵의 소리〉는 어떤 반진화론적 입장에 대해 비판하고 있을까?

4. 르완다에서 일하다가 밀렵꾼들에게 목숨을 빼앗길 뻔한 다이안 포시의 이야기를 다룬 영화는?

5. 2013년 작품인 이 코믹드라마 장르 영화는 인공지능을 지극한 로맨스의 자리에 끌어다놓는다.

6. 〈사랑에 대한 모든 것〉은 이 이론물리학자의 삶을 자세히 그린다.

7. 이 영화는 '휴스턴, 문제가 생겼다'라는 잘못된 인용을 널리 퍼뜨리는 역할을 했다.

8. 칼 세이건의 원작을 각색한 이 영화에서는 작품의 제목이 실현 가능성이 있어 보일 정도로 진짜 과학적 근거가 충실히 사용되었다. 주연은 조디 포스터가 맡았다.

9. 이 남자는 〈이미테이션 게임〉의 주제가 되는 인물이다. 그의 아이디어는 컴퓨터공학 분야에서 큰 영향을 끼친 것으로 평가받는다.

10. 마이클 크라이튼의 동명 소설을 원작으로 한 이 1971년 스릴러 영화는 미국 남서부에서 치명적 전염병이 발생하는 이야기를 다룬다.

공상과학

1. 인플레이션을 고려하여, 역사상 최고의 수익을 올린 공상과학 영화는 무엇일까?

    a. 스타워즈

    b. 아바타

    c. E.T.

    d. 어벤저스: 엔드게임

2. 메리 셸리는 공상과학 소설의 어머니로 불리기도 한다. 그녀가 쓴 작품은?

    a.『프랑켄슈타인』

    b.『드라큘라』

    c.『화성의 프린세스』

    d.『시간의 주름A Wrinkle in Time』

3.『20세기의 파리Paris in the Twentieth Century』는 책에 담긴 암울한 메시지 때문에 출간이 미루어졌다. 결국 공상과학 소설의 전설이 된 이 작가의 친척이 원고를 발견할 때까지 131년 동안 지연되었다.

    a. 쥘 베른

    b. 로버트 루이스 스티븐슨

    c. 에드거 앨런 포

    d. H. G. 웰스

4. 이 작가가 쓴『아이, 로봇』에는 로봇 법칙이 소개된다.

    a. 잭 윌리엄슨

    b. 아이작 아시모프

    c. 레이 브래드버리

    d. 아서 C. 클라크

5. 수잔 콜린스의『헝거게임』은 어떤 공상과학 장르 소설의 예일까?

    a. 유토피아

    b. 외계인 침략

    c. 디스토피아

    d. 시간 여행

6. 체코 작가 카렐 차페크가 쓴 희곡 〈R.U.R〉은 우리에게 어떤 단어를 처음 소개할까?

    a. 에일리언

    b. 로봇

    c. 디스토피안

    d. 텔레포테이션

7. '유크로니아' 개념은 이것과 가장 유사하다.

    a. 포스트 종말론적 서사

    b. 평행 우주

    c. 시간 여행

    d. 무한궤도

8. 인기 있는 넷플릭스 시리즈인 〈블랙 미러〉는 무엇을 가리킬까?

    a. 디스토피아적 미래

    b. 우리의 최악의 자아를 반영하는 사건들

    c. 죽음

    d. 첨단기계의 어두운 화면

9. 일상적인 공상과학 장르에 속한다고 생각할 수 없는 것은?

    a.『지킬 박사와 하이드씨』

    b.『시녀이야기』

    c.『나를 보내지 마』

    d.『해변에서 On the Beach』

10. 독특한 TV 시리즈 〈환상특급 The Twilight Zone〉에 대한 사실이 아닌 것은?

    a. 프로그램을 이끌어가는 로드 설링은 진행자가 되려는 뜻은 없었다.

    b. 레이 브래드버리가 에피소드 한 회를 썼다.

    c. 한 시즌에서는 1시간 길이 에피소드들을 방송했다.

    d. 시즌 5에는 컬러화면 에피소드가 한 회 있다.

정답

현대사

1. 탄저병 (b)
2. 소말리아 내전 (d)
3. 칠레 (a)
4. 네팔 (c)
5. 카트리나 (a)
6. 태국 (d)
7. 노트르담 성당 (c)
8. 중국 (a)
9. DNA (b)
10. 3번의 정부 셧다운 (c)

선거운동 구호

1. 도널드 트럼프
2. 버락 오바마
3. 드와이트 D. 아이젠하워
4. 프랭클린 D. 루즈벨트
5. 빌 클린턴
6. 로널드 레이건
7. 윌리엄 H. 해리슨
8. 우드로 윌슨
9. 워런 G. 하딩
10. 에이브러햄 링컨

뮤지컬 역사

1. 알렉산더 해밀턴 (b)
2. 에비타 (c)
3. 퍼레이드 (a)
4. 래그타임 (b)
5. 장 발장 (b)
6. 오스트리아 (c)
7. 블러디 블러디 앤드루 잭슨 (b)
8. 킷캣클럽 (d)
9. 베트남전쟁 (d)
10. 존 애덤스 (c)

어떤 전쟁?

1. 한국전쟁
2. 남북전쟁
3. 1812년 전쟁(미영전쟁)
4. 제2차 세계대전
5. 이라크전쟁
6. 제1차 세계대전
7. 페이스트리 전쟁
8. 백년전쟁
9. 프랑스 혁명
10. 남미태평양전쟁

시작은

1. 이라크 (b)
2. 무역 (c)
3. 이란 (a)
4. 로마인 (c)
5. 중국 (a)
6. 잉카 (b)
7. 마야 (d)

8. 그리스에서 첫 번째 올림픽을 개최했다.
   (b)

9. 인더스 계곡 (a)

10. 인류가 섭취하는 영양의 질적 증대를 보
    여주었다. (a)

왕과 여왕

1. 거짓: 최초의 잉글랜드왕은 에그버트였다.

2. 거짓: 대부분 제한된 헌법상의 권력을 가
   진다.

3. 참

4. 거짓: 2019년 영국의 엘리자베스 2세 여왕
   은 재위 67년을 맞았다.

5. 참

6. 거짓: 룩셈부르크대공국이다.

7. 거짓: 빅토리아 여왕이 입었다.

8. 참

9. 참

10. 참

세계 여성사

1. 해리엇 비처 스토 (c)

2. 엘리자베스 캐디 스탠턴 (c)

3. 제인 애덤스 (a)

4. 합성살충제 (d)

5. 시몬 드 보부아르 (d)

6. 앨라배마 (a)

7. 안네 프랑크 (b)

8. 흑인 여성 최초로 억만장자가 되었다. (c)

9. 현재 프랑스에 거주한다(2019년 현재, 영국
   에 살고 있다). (d)

10. 아이슬란드 (b)

춤의 달인

1. 삼바

2. 용

3. 우크라이나

4. 손짓

5. 타히티

6. 뉴질랜드

7. 가면

8. 플라멩코

9. 상체는 꼿꼿하게 유지한다.

10. 보헤미아

나는 믿는다

1. 힌두교 (d)

2. 범신론 (b)

3. 이슬람교 (b)

4. 성스러운 빵과 포도주는 그리스도의 몸과
   피가 된다. (a)

5. 기독교 (c)

6. 사이언톨로지 (b)

7. 무신론 (d)

8. 가톨릭 (a)

9. 디왈리 (c)

10. 개신교 (a)

어느 나라가 처음으로…

1. 러시아

2. 노르웨이

3. 스페인

4. 뉴질랜드

5. 말라위

6. 네덜란드

7. 중국

8. 룩셈부르크

9. 모로코

10. 우루과이

누가 말했을까?

1. 테레사 수녀 (b)

2. 아리스토텔레스 (d)

3. 벤저민 프랭클린 (b)

4. 넬슨 만델라 (a)

5. 윈스턴 처칠 (b)

6. 스티브 잡스 (b)

7. 로자 파크스 (d)

8. 마거릿 대처 (a)

9. 피델 카스트로 (c)

10. 나폴레옹 보나파르트 (d)

시대를 가로질러

중세

1. 헤이스팅스 전투, 1066년

2. 마그나카르타 서명, 1215년

3. 백년전쟁 시작, 1337년

4. 유럽에 흑사병 발생, 1347년

5. 잔 다르크가 이끈 오를레앙 전투, 1429년

6. 콘스탄티노플 함락, 1453년

시대 순서

1. 석기시대

2. 청동기시대

3. 철기시대

4. 암흑시대

5. 중세

6. 르네상스

7. 계몽주의시대

탐험의 시대

1. 콜럼버스가 신세계에 상륙하다, 1492년

2. 바스쿠 다가마가 유럽에서 바닷길로 아시아에 도달할 수 있음을 증명하다, 1498년

3. 폰세 데 레온이 플로리다를 스페인 식민지로 선언하다, 1513년

4. 마젤란이 세계를 일주하다, 1522년

5. 피사로가 페루로 항해를 떠나 잉카 제국을 만나다, 1532년

6. 헨리 허드슨이 뉴욕을 네덜란드 식민지로 선언하다, 1610년

세계의 12월

1. 자이언트 랜턴 페스티벌 (a)

2. 염소를 불태우려 한다. (b)

3. 크람푸스 (d)

4. 케이에프씨 (d)

5. 상한 감자 (b)

6. 백악관 앞 (c)

7. 인라인스케이트 (c)

8. 차쿨라 (음식) (d)

9. 콜롬비아 (b)

10. 스웨덴 (d)

예전 이름은…

1. 태국

2. 이란

3. 미얀마

4. 나미비아

5. 벨리즈

6. 유고슬라비아

7. 인도네시아

8. 콩고민주공화국

9. 에티오피아

10. 스리랑카

영화 속 지도자

1. 후버 (d)

2. 윈스턴 처칠 (a)

3. 콜롬비아 (a)

4. 라울 줄리아 (b)

5. 마거릿 대처 (d)

6. 잉그리드 버그만 (b)

7. 베르너 헤어조크 (c)

8. 조지 6세 (a)

9. 토니 블레어 (a)

10. 이디 아민 (c)

동부 13주 식민지

건설 시기

1. 버지니아, 1607년

2. 뉴햄프셔, 1623년

3. 코네티컷, 1636년

4. 노스캐롤라이나, 1663년

5. 펜실베이니아, 1681년

6. 조지아, 1732년

면적

1. 로드아일랜드

2. 델라웨어

3. 뉴저지

4. 사우스캐롤라이나

5. 버지니아

6. 뉴욕

2019년 인구

1. 코네티컷

2. 버지니아

3. 뉴저지

4. 노스캐롤라이나

5. 펜실베이니아

6. 뉴욕

저세상 역사

1. 아폴로/머큐리 (c)

2. 거미 (b)

3. 머리가 셋 달린 개 (c)

4. 반신반인 (d)

5. 포세이돈과 제우스 (b)

6. 아도니스 (c)

7. 올림푸스 산 (c)

8. 죽는다. (d)

9. 페르세우스 (b)

10. 아폴로 (a)

유명한 헤드라인

목록 1

1. '모두 익사, 868명만 살아남아', 1912년

2. '세계대전은 끝났다', 1918년

3. '해군, 태평양서 아멜리아 추적 실패',

1937년

4. '일 하와이 폭격', 1941년

5. '베를린 함락되자 괴벨스 자살', 1945년

6. '아인슈타인 박사 사망하다', 1955년

목록 2

1. '악몽의 화요일', 1929년

2. '히로시마 초토화', 1945년

3. '브라운 대 교육위원회 판결 〈분리하되 평등하게〉 원칙에 종지부', 1954년

4. '윈스턴 처칠경 사망하다', 1965년

5. '마틴 킹 총격으로 사망', 1965년

6. '닉슨 하야', 1974년

목록 3

1. '링컨 피격', 1865년

2. '지진과 화재: 폐허된 샌프란시스코', 1906년

3. '금주법 마침내 종료!', 1933년

4. '케네디 암살', 1963년

5. '인간이 달을 걷다', 1969년

6. '치명적 질병 에이즈 발견', 1981년

목록 4

1. '로큰롤의 왕 엘비스, 42세를 일기로 사망', 1977년

2. '루이스 브라운을 만나다, 최초의 시험관 아기 탄생', 1978년

3. '넬슨 만델라 석방', 1990년

4. '다이애나 사망', 1997년

5. '테러리스트, 뉴욕과 펜타곤 공격', 2001년

6. '버락 오바마 대통령 선출', 2008년

급박한 사건

1. 대공황 (a)

2. 제1차 세계대전 (c)

3. 방직공장 (c)

4. 독일의 폴란드 침공 (c)

5. 스크린 시대 (b)

6. 플로렌스 (d)

7. 이라크의 쿠웨이트 침공 (a)

8. 뉴미디어 플랫폼 (b)

9. 스푸트니크 1호 발사 (c)

10. 경찰의 뉴욕 스톤월 인 급습 (d)

지구의 어디에서?

1. 디즈니랜드

2. 필라델피아의 미국독립기념관

3. 기자의 피라미드

4. 스톤헨지

5. 포룸과 콜로세움

6. 파르테논 신전

7. 중국의 만리장성

8. 타지마할

9. 마추픽추

10. 앙코르와트

제국과 왕조

1. 명 (d)

2. 왕조는 한 가문의 통치자들로 구성된다 (a)

3. 터키 (b)

4. 송 (a)

5. 스웨덴 (d)

6. 진 (c)

7. 페드루 1세 (b)

8. 주 (b)

9. 아흐메드 (d)

10. 카르타고 (c)

그때 대통령이 누구?

1. 조지 W. 부시 (b)

2. 프랭클린 델러노 루스벨트 (a)

3. 조지 H. W. 부시 (c)

4. 그로버 클리블랜드 (c)

5. 리처드 닉슨 (a)

6. 토머스 제퍼슨 (c)

7. 시어도어 루스벨트 (d)

8. 율리시스 S. 그랜트 (b)

9. 윌리엄 하워드 태프트 (a)

10. 해리 S. 트루먼 (c)

아동문학의 고전

1. 맥스

2. 『잘자요 달님』

3. 『초록 달걀과 햄Green Eggs and Ham』

4. 낸시 드루

5. 리틀 골든 북스

6. 폴리애나

7. 『호기심 많은 조지』

8. 로알드 달

9. 로라 잉걸스 와일더

10. 핑크 공주(핑컬리셔스)

멋진 밤 외출

1. 이탈리아 (b)

2. 표트르 일리치 차이코프스키 (c)

3. 여성이 연기하는 젊은 남성 등장인물 (a)

4. 플리에 (c)

5. 발레를 위한 간주곡 (d)

6. 라보엠 (a)

7. 여성이 작곡한 오페라를 공연했다. (d) (그 작품은 카이야 사리아호의 〈이룰 수 없는 사랑 L'Amour de Loin〉이었다.)

8. 팔스타프 (a)

9. 발레 뤼스 (d)

10. 마사 그레이엄 (c)

279

어떤 말이든…

'개'

chien

cane

cachorro

câine

perro

'(헤어질 때) 안녕'

zbogom

vaarwel

hyvästi

bless

do widzenia

'아름다운'

eder

smuk

szép

vakker

krasivaya

'나는 너를 사랑해'

Ek het jou lief

Saya sayang awak

Nakupenda

Waan ku jeclahay

Ngiyakuthanda

브로드웨이의 전설

1. 〈위키드〉

2. 치타 리베라

3. 스티븐 손드하임

4. 로저스와 해머스타인

5. 네이단 레인

6. 패티 루폰

7. 〈제시카의 추리극장 Murder, She Wrote〉

8. 밥 포시

9. 알란 멘켄

10. 오드라 맥도널드

성서 이야기

1. 사탄이 하나님을 부추겨 욥의 경건함을 시
   험해보게 했다. (d)

2. 요셉 (a)

3. 셋째날 (a)

4. 무슨 일이 일어나는지 의심하자마자 가라
   앉은 베드로 (d)

5. 이집트어 (c)

6. 어머니나 아버지를 저주한 죄 (d)

7. 사울, 다윗, 솔로몬 (c)

8. 꾸었던 꿈 이야기를 하는 여성이다. (b)

9. 모세 (c)

10. vanish into thin air (a)

셰익스피어

집필 시기

리처드 3세, 1592년경

한여름 밤의 꿈, 1598년경

햄릿, 1600년경

오셀로, 1603년경

리어왕, 1605년경

맥베스, 1606년경

인용
'약한 자여, 그대 이름은 여자로구나.'
'뱀의 이빨보다 더 날카로운 것이 감사할 줄
　　모르는 아이를 갖는 것이야!'
'무언가 사악한 것이 이쪽으로 온다.'
'진정한 사랑의 길은 결코 순탄하지 않구나.'
'나는 현명하게 사랑하지 못했지만, 너무나
　　잘 사랑한 사람'
'지금은 우리에게 불만의 겨울'

남성 조연
호레이쇼
글로스터 백작
뱅쿼
피터 퀸스
이아고
버킹엄

여성 조연
거트루드
고네릴
세 마녀
헬레나
에밀리아
앤

퓰리처 수상작
1. 해밀턴
2. 우리 읍내
3. 세일즈맨의 죽음

4. 글렌개리 글렌 로스
5. 어거스트 윌슨
6. 잘자요, 엄마
7. 앤젤스 인 아메리카, 1부: 밀레니엄 어프
　　로치Angels in America, Part One: The Millennium
　　Approaches
8. 수상작이 없었다.
9. 스웨트Sweat
10. 유진 오닐

클래식 작곡가
1. 미뉴에트 (d)
2. 비엔나 (c)
3. 바이올린 2, 비올라, 첼로 (a)
4. 프란츠 요제프 하이든 (b)
5. 로베르트 슈만 (c)
6. 관객은 교향곡의 첫 공연에 박수를 보내려
　　고 서둘러 무대로 달려간 덕분에, 떨어지
　　는 샹들리에에 깔리는 사고를 피할 수 있
　　었다. (d)
7. 레너드 번스타인 (a)
8. attacca아타카 (a)
9. 존 케이지 (d)
10. 리하르트 바그너 (d)

청소년 인기도서

J. K. 롤링
『해리포터와 마법사의 돌』
『해리포터와 비밀의 방』
『해리포터와 아즈카반의 죄수』
『해리포터와 불의 잔』

『해리포터와 불사조 기사단』

『해리포터와 혼혈왕자』

『해리포터와 죽음의 성물』

조지 R. R. 마틴

『왕좌의 게임』

『왕들의 전쟁』

『검의 폭풍』

『까마귀의 향연』

『드래곤과의 춤』

스테프니 메이어

『트와일라잇』

『뉴문』

『이클립스』

『브레이킹 던』

제임스 대시너

『메이즈 러너』

『스코치 트라이얼』

『데스 큐어』

『킬 오더』

『피버 코드』

로라 잉걸스 와일더

『초원의 집: 큰 숲속에 있는 작은 집』

『초원의 집: 소년 농부』

『초원의 집: 대초원의 작은 집』

『초원의 집: 플럼 시냇가』

『초원의 집: 실버 호숫가』

『초원의 집: 기나긴 겨울』

『초원의 집: 대초원의 작은 마을』

『초원의 집: 눈부시게 행복한 시절』

『초원의 집: 처음 4년간』

릭 라이어던

『퍼시 잭슨과 올림포스의 신: 번개도둑』

『퍼시 잭슨과 올림포스의 신: 괴물들의 바다』

『퍼시 잭슨과 올림포스의 신: 티탄의 저주』

『퍼시 잭슨과 올림포스의 신: 미궁의 비밀』

『퍼시 잭슨과 올림포스의 신: 진정한 영웅』

캐롤린 킨

『낸시드류: 시크릿 오브 올드 클락』

『낸시드류: 히든 스테어케이스』

『낸시드류: 방갈로 미스터리』

『낸시드류: 라일락 인 미스터리』

『낸시드류: 섀도 랜치』

『낸시드류: 레드 게이트 팜』

『낸시드류: 클루 인 더 다이어리』

누가 말했을까?

1. 엘리자베스 베릿 브라우닝

2. 윌리엄 셰익스피어

3. 로버트 프로스트

4. 나무

5. 〈늙은 선원의 노래〉

6. 〈까마귀〉

7. 〈고이 작별을 맞아들이지 마라〉

8. 죽음

9. 알프레드 로드 테니슨

10. 거트루드 스타인

예술의 도구

1. 플루트 (d)

2. 라비 샹카르 (d)

3. 기타를 거꾸로 연주했다 (c)

4. 루이 암스트롱 (b)

5. 에디 반 헤일런 (a)

6. 리라 (c)

7. 재클린 케네디 오나시스 (b)

8. 지미 카터/ 기타 (a)

9. 존 콜트레인 (c)

10. 반 클리번 (b)

미리엄 웹스터 최신판에 등재된 우리의 진화하는 언어

1. snowflacke 눈송이

2. Emmy, Grammy, Oscar, Tony 에미상, 그래미상, 오스카상, 토니상

3. receipt 영수증

4. gig economy 긱경제(초단기 경제)

5. purple 보라색

6. bottle episode 보틀 에피소드(제작비를 많이 들이지 않은 회)

7. top surgery and bottom surgery 상체 수술과 하체 수술

8. bingeable 몰아할 만한

9. time suck 시간 순삭

10. zoodles 주들스(호박면)

해리포터의 세계

1. 론과 헤르미온느 (c)

2. 슬리데린 (d)

3. 퀴디치 (a)

4. 불멸한다 (b)

5. 엄청나게 큰 뱀 (c)

6. 시리우스 블랙, 대부 (d)

7. 세드릭 디고리 (b)

8. 불사조 기사단 (c)

9. 변환 마법 (d)

10. 톰 리들 (b)

화제의 책을 영화로

11. 『시녀이야기』

12. 『황금방울새』

13. 『유리성』

14. 조디 피코

15. 〈내니 다이어리〉

16. 『헬프』

17. 『연을 쫓는 아이』

18. 『게이샤의 추억』

19. 『스틸 앨리스』

20. 리즈 위더스푼

위대한 르네상스 유산

1. 플로렌스 (C)

2. 시신을 해부했다. (c)

3. 레오나르도 다빈치 (c)

4. 율리우스 2세 (b)

5. 명암의 대비를 보여주는 것이다. (b)

6. 코페르니쿠스 (a)

7. 빈센트 (c)

8. 500년 가까이 통치했다. (d)

9. 단테, 다빈치, 미켈란젤로, 갈릴레오 (c)

10. 리어왕 (a)

엎치나 메치나

1. mom, dad (거꾸로 해도 mom, dad-옮긴이)

2. Radar (거꾸로 해도 radar-옮긴이)

3. 9-10-19 (나인-텐-나인틴-옮긴이)

4. rotator (회선근, 역시 거꾸로 해도 rotator-옮긴이)

5. kayak (카약, 역시 거꾸로 해도 kayak-옮긴이)

6. 프란츠 요제프 하이든 (교향곡 47번의 별명은 'Das Palindrom'으로 독일어에서 앞뒤가 바뀌어도 같은 말을 뜻하는 단어-옮긴이)

7. Madam, I'm Adam (부인, 전 아담이에요. 문장을 거꾸로 해도 같은 문장이 된다-옮긴이)

8. tenet (본문에서는 임차인을 뜻하는 tenant와 헷갈릴 수 있다는 내용-옮긴이)

9. A man, a plan, a canal-Panama (사람, 계획, 운하-파나마, 역시 철자를 뒤에서부터 읽어도 같은 문장이 된다-옮긴이)

10. palindrom의 철자를 거꾸로 써서 만든 용어다.

유명 건축물

1. 자금성 (c)
2. 위의 모든 것 (d)
3. 타지마할 (d)
4. 낙수장 (b)
5. 피라미드 형태다. (c)
6. 예루살렘 (d)
7. 런던 웨스트민스터 궁전 국회의사당 (a)
8. 카네기홀 (b)
9. 구겐하임 빌바오 박물관 (b)
10. 프레드와 진저 (c)

고등학교 필독서

1. 『로미오와 줄리엣』
2. 『앵무새 죽이기』
3. 『주홍글씨』
4. 『생쥐와 인간』
5. 『호밀밭의 파수꾼』
6. 『모든 것이 산산이 부서지다』
7. 『나이트』
8. 『아웃사이더』
9. 『조이럭 클럽』
10. 〈태양의 계절〉

세계의 박물관

1. 뉴욕 (a)
2. 모나리자 (d)
3. 필라델피아 반스 재단 (d)
4. 파리 루브르 박물관 (a)
5. 도쿄 고토 박물관 (b)
6. 베이징 중국 국립 박물관 (c)
7. 뉴멕시코 산타페 (b)
8. 아프리카 예술품의 아프리카 반환 (b)
9. 배관과 전기, 기계와 공조 설비가 건물 외부에 노출되어 있다. (c)
10. 프랭크 로이드 라이트와 샌프란시스코 현대미술관 (d)

음악 용어

1. 다운비트
2. 악장
3. 안단테
4. 모티프
5. 돌체

6. 카덴차

7. 페르마타

8. 콘체르토

9. 라르고

10. 피아노

19세기와 20세기 화가들

1. 폴 고갱 (a)

2. 클로드 모네 (b)

3. 야수파 (c)

4. 파블로 피카소 (a)

5. 현대 추상 미술 (b)

6. 마크 로스코 (d)

7. 에드워드 호퍼 (c)

8. 〈아메리칸 고딕〉 (c)

9. 에드가 드가 (a)

10. 잭슨 폴록 (b)

지역 음식

1. 필라델피아

2. 뉴잉글랜드

3. 버펄로

4. 푸틴

5. 시카고

6. 비너 슈니츨

7. 스코틀랜드

8. 뉴올리언스

9. 요크셔푸딩

10. 청어

건강한 식단

1. 오트밀쿠키 (d)

2. WW (d)

3. 우유 (a)

4. 햇빛 (b)

5. 곡물단백질 (c)

6. 접시 (c)

7. 당근 (c)

8. 2배 (b)

9. 탄수화물 (c)

10. 염분 (d)

패스트푸드

첫 개장

화이트캐슬, 1921년

맥도날드, 1948년

타코벨, 1954년

아비스, 1964년

웬디스, 1969년

파파이스, 1972년

현재 매장 수

서브웨이

맥도날드

KFC

버거킹

타코벨

아비스

대표 메뉴의 칼로리

화이트캐슬의 오리지널슬라이더, 140

아비스의 클래식비프앤체다, 450

맥도날드의 빅맥, 540

버거킹의 와퍼, 660

잭인더박스의 클래식버터리잭, 816

웬디스의 베이커네이터, 940

다양한 조리법

1. 플랑베

2. 소테

3. 포치

4. 로스트

5. 스팀

6. 콩피

7. 브라인

8. 스모크

9. 캐러멜화

10. 수비드

외식

1. 아이스크림 (b)

2. 그린 커리 (a)

3. 개별적으로 가격이 책정된다. (a)

4. 레몬과 버터 (c)

5. 와인 (d)

6. 익히지 않은 것이다. (c)

7. 차가운 것 (a)

8. 다리 (c)

9. 닭고기 (c)

10. 콘토르니 (c)

초록색 음식

1. 허니듀멜론

2. 키위

3. 그래니스미스

4. 오이

5. 브로콜리

6. 피스타치오

7. 라임

8. 아스파라거스

9. 슈거스냅피

10. 아보카도

세계인이 좋아하는 음식

1. 무구가이판 (c)

2. 가스파초 (a)

3. 김치 (b)

4. 테린 (b)

5. 삭파니르 (d)

6. 알라카르보나라 (c)

7. 자우어브라텐 (d)

8. 피카디요 (d)

9. 무사카 (c)

10. 에그베네딕트 (a)

와인, 와인, 와인

1. 한 잔

2. 피노누아

3. 와인 '스멜링(시향)'

4. 와인을 여는 것

5. 생산지

6. 포도 껍질

7. 거짓: 적포도만 사용한다.

8. 달콤하지 않다.

9. 마실 수 없는 상태

10. 교회

미국의 체인 레스토랑

1. 애플비스 (b)

2. 배스킨라빈스 (d)

3. 칙필레 (c)

4. 처키치즈 (d)

5. 시나본 (a)

6. 피자헛 (b)

7. 피에프창스 (d)

8. 올리브가든 (a)

9. 런던 (d)

10. 케이프코드를 따라서 디자인했다. (a)

분석하기

1회 제공량당 단백질 함량(g)

바나나, 1.3

허쉬 초콜릿, 3

중간 크기 감자, 4.6

스위스치즈 1장, 7.5

2% 저지방 우유 1컵, 9.7

껍질 벗긴 풋콩 1컵, 18.4

연어 4oz(약 110g), 26

1회 제공량당 당 함량(g)

쌀밥 1컵, 0

중간 크기 감자, 1.9

껍질 벗긴 풋콩 1컵, 3.4

중간 크기 옥수수 1자루, 6.4

2% 저지방 우유 1컵, 11

바나나, 14

허쉬초콜릿, 24

1회 제공량당 지방 함량(g)

식빵 1장, 1미만

중간 크기 옥수수 1자루, 1.4

연어 4oz(약 110g), 5.5

스위스치즈 1장, 7.8

캐슈넛 1oz(약 30g), 12

허쉬초콜릿, 13

땅콩버터 2큰술, 16

1회 제공량당 열량

식빵 1장, 66

닭고기 3oz(약 85g), 102

2% 저지방 우유 1컵, 137

캐슈넛 1oz(약 30g), 157

땅콩버터 2큰술, 190

허쉬초콜릿, 220

핀토빈(콩) 1컵, 245

영화 속 음식

1. 윌리 웡카

2. 〈라따뚜이〉

3. 〈아메리칸 파이〉

4. 〈하늘에서 음식이 내린다면〉

5. 〈토마토 대소동〉

6. 〈미스틱 피자〉

7. 〈옥수수밭의 아이들〉

8. 인간

9. 〈시계태엽 오렌지〉

10. 달걀

아침에 한 잔

1. 『모비딕』 (b)

2. 타피오카 (a)

3. 2배 이상 (b)

4. 아이스티 (d)

5. 붉은색 (a)

6. 찻잎으로 만들지 않기 때문이다. (c)

7. 캘리포니아 (a)

8. 맥스웰하우스 (d)

9. 커피의 역사가 차보다 오래되었다. (a)

10. 미래를 예견한다. (c)

음식 프로그램

요리 프로그램

〈아이 러브 투 이트〉 (제임스 비어드)

〈굿 이츠〉 (알톤 브라운)

〈더 프렌치 셰프〉 (줄리아 차일드)

〈다이너스, 드라이브인스, 앤드 다이브스〉

　(가이 피에리)

〈베어풋 콘테사〉 (아이나 가르텐)

〈헬스 키친〉 (고든 램지)

〈30-미닛 밀스〉 (레이첼 레이)

첫 출연

제임스 비어드, 1946년

줄리아 차일드, 1963년

레이첼 레이, 2001년

아이나 가르텐, 2002년

고든 램지, 2005년

가이 피에리, 2007년

요리 경연

〈아이언 셰프〉, 1993년

〈탑 셰프〉, 2006년

〈찹트〉, 2009년

〈컷스로트 키친〉, 2013년

〈케이크 워스〉, 2015년

〈더 파이널 테이블〉, 2018년

맥주를 콸콸콸

1. 참

2. 대마초

3. 라거

4. 캘리포니아

5. 밀워키

6. 필스너

7. 아서 기네스

8. 독일

9. 크래프트브루어리

10. 세계에서 가장 독한 맥주, 혹은 알콜도수
    가 가장 높은 맥주

빵 뜯어보기

1. 13 (c)

2. 물 (c)

3. 평화 (a)

4. 성찬 (a)

5. 몬트리올 (d)

6. 아이리시 브레드 (d)

7. 루이 4세 (b)

8. 소금과 캐러웨이 씨 (a)

9. 슬라이스드 브레드 때문에 일어난 소동으
   로 빵 부족 사태까지 발생했다. (d)

10. 빵 반쪽이라도 없는 것보다는 낫다. (c)

C로 시작하는 음식

1. cookie 쿠키

2. cherry 체리

3. cottage cheese 코티지 치즈

4. Cap'n Crunch 캡틴 크런치

5. cornbread 콘브레드

6. celery 셀러리

7. cilantro 고수

8. Club crackers 클럽 크래커

9. carrot cake 당근 케이크

10. caramel popcorn 캐러멜 팝콘

복고풍 식당 은어

1. 시금치 (c)

2. 물 (b)

3. 버터 (b)

4. 브라운 워터 (c)

5. 토스트 (c)

6. 생선 요리 (b)

7. 포장 주문으로 준비하라 (c)

8. 소금과 후추 (c)

9. 리퀴드선샤인 (d)

10. 도넛 (b)

샌드위치

1. 브렉퍼스트 샌드위치

2. 클럽 샌드위치

3. 슬로피조

4. 루벤

5. 이로(자이로 또는 지로라고도 함)

6. 반미

7. 대그우드

8. 파니니

9. 프렌치딥

10. 오이샌드위치

간단히 후식으로

1. 스노-캡스 (b)

2. 번트케이크 (b)

3. 티라미수 (a)

4. 사용하는 각 재료의 양 (b)

5. 커블 (d)

6. 초콜릿칩쿠키 (d)

7. 썬민트 (c)

8. 개구리케이크 (a)

9. 바클라바 (d)

10. 보스턴크림파이 (b)

샐러드 이모저모

1. 프랑스 니스

2. 로메인

3. 시저샐러드

4. 월도프샐러드

5. 콥

6. 암브로시아

7. 소금

8. 콜슬로

9. 토끼 먹이

10. 클레오파트라

칵테일 문화

1. 고귀한 실험 (c)

2. 바텐더 (a)

3. 마티니 (d)

4. 톰 콜린스 (c)

5. 초록색 (d)

6. 진 (a)

7. 스튜어트 블룸(c)

8. 뉴올리언스 (a)

9. 스크루드라이버 (b)

10. 페루 (d)

4장
동물과 자연

고양이와 개

1. 거짓

2. 참

3. 참

4. 거짓 (세일럼)

5. 거짓 (이집트인이 숭배했다.)

6. 참

7. 거짓 (고양이가 10배 더 많은 목소리를 낼 수 있다.)

8. 거짓 (거의 3분의 2를 잠으로 보낸다.)

9. 참

10. 참

날씨에 관한 궁금증

1. 빙하 (c)

2. 달 (d)

3. 담수 증가 (d)

4. 존 (a)

5. 3,000,000 (d)

6. 차분하고 평화롭다 (b)

7. 아이크 (c)

8. 뉴욕 버펄로 (b)

9. 칠레 (a)

10. 위치 (b)

최고의 동물

속도
녹새치
치타
타조
코요테
이구아나
아프리카코끼리

평균 임신 기간
쥐
개
원숭이
말
고래
코끼리

수명
쥐
늑대
말
하마
코뿔소
고래
코끼리거북

아시아에 살까? 아프리카에 살까?
1. 아프리카
2. 아시아
3. 아프리카
4. 아시아
5. 아시아
6. 아프리카
7. 아프리카
8. 아프리카
9. 아시아
10. 아시아

영화 속 동물
1. 뱀 (a)
2. 돼지 (b)
3. 아미티아일랜드 (b)
4. 호랑이 (c)
5. 범고래 (d)
6. 쉬어칸 (b)
7. 마다가스카르 (a)
8. 사자 (c)
9. 새 (a)
10. 글렌 클로즈 (d)

저 위 하늘에는

속도
송골매
검독수리
발톱날개기러기
비둘기
벌새

수컷 날개폭
캘리포니아콘도르
흰머리독수리
그레이트블루헤론

붉은꼬리말똥가리

송골매

알 크기

청둥오리

들종다리

울새

찌르레기

굴뚝새

자연에 대한 위협

1. 기후변화

2. 멸종

3. 오염

4. 물

5. 재생가능한 천연자원

6. 삼림벌채

7. 코뿔소

8. 남획

9. 매머드

10. 소비

우리가 숨쉬는 공기

1. 질소 (b)

2. 산소 (a)

3. 바람 (c)

4. 캘리포니아 (b)

5. 베이징 기침 (d)

6. 에어로졸 (a)

7. 비가 온다 (b)

8. 해수면에서 (c)

9. 극단적인 온도 (a)

10. 전기자동차 (d)

미국의 주

주의 상징 새

이스턴블루버드

북부홍관조

사할린뇌조

로드러너

들종다리

브라운펠리컨

박새

주의 상징 꽃

장미

제비꽃

물망초

유카플라워

비터루트

목련

스트로브잣나무

주의 상징 나무

사탕단풍

떡갈나무

시트카가문비나무

피논소나무

폰데로사소나무

낙우송

스트로부스소나무

동물원 이야기

1. 페팅주(체험동물원)

2. 동물 돌봄의 기준

3. 보존

4. 오스트레일리아

5. 흰긴수염고래

6. 캘리포니아, 플로리다, 텍사스

7. 잉글랜드, 런던

8. 인간

9. 자이언트판다

10. 위니펙

선사시대의 동물

1. 인간이 기록을 시작하기 전에 (c)

2. 조류 (b)

3. 세이버 (d)

4. 700 (b)

5. 상어 (c)

6. 사자 (c)

7. 개 (a)

8. 남아메리카 (b)

9. 인간의 개입 (d)

10. 1억 5,000만 년 (d)

타고난 살해자

1. 방어

2. 유럽

3. 협죽도

4. 블랙맘바

5. 독미나리

6. 은방울꽃

7. 바다

8. 살인

9. 다트프로그

10. 벨라도나

약초

1. 약초학 (b)

2. 통증 (c)

3. 코카인 (c)

4. 아프가니스탄 (b)

5. 심장질환 (a)

6. 알로에베라 (c)

7. 암 (d)

8. 하마메리스 (c)

9. 성요한초 (a)

10. 실제 이용하는 토종식물을 연구한다. (b)

국립공원

1. 우드로 윌슨

2. 옐로스톤

3. 캘리포니아

4. 그랜드캐니언

5. 데날리

6. 빅밴드

7. 칼스배드 캐번

8. 게이트웨이아치

9. 노스다코타

10. 그레이트스모키 혹은 과달루페

멸종 위기

1. 여섯 번째 (d)

2. 인구 증가 (c)

3. 1,000 (c)

4. 코뿔소 (a)

5. 아시아 (b)

6. 남중국호랑이 (a)

7. 기술 (a)

8. 판골린 (b)

9. 바이지 (c)

10. 바키타돌고래 (d)

으스스하게 꼬물꼬물

1. 척추

2. 방사능

3. 곤충

4. 벌레(insect와 구분하여 bug이라고 함–옮긴이)

5. 물

6. 언제나 홀수 쌍이다.

7. 참

8. 연한 파란색

9. 머리, 가슴, 배

10. 고치

물, 물, 어디에나

1. 똑같다 (c)

2. 수소와 산소 (b)

3. 3일 (b)

4. 심박수를 조절해준다. (b)

5. 8 (b)

6. 바나나 (c)

7. 손으로 설거지한다. (b)

8. 일주일 (b)

9. 얼면 부피가 25% 팽창한다. (c)

10. 평균적으로 수돗물보다 2,000배 더 많은
    비용이 든다. (b)

꽃의 힘

1. 새와 벌, 나비 등을 유인하려고

2. 파리

3. 브로콜리

4. 네덜란드

5. 〈로즈〉

6. 크리스마스

7. 꽃받침

8. 뉴욕 버펄로

9. 크로코스

10. 꽃의 기원

짝짓기

1. 비버 (a)

2. 사마귀 (c)

3. 비행하며 짝짓기를 한다. (d)

4. 암컷의 소변을 맛본다. (a)

5. 둘 다 임신한다. (d)

6. 두 번째 수컷이 암컷을 제자리에 있도록
   잡아주는 역할을 한다. (b)

7. 판다는 유산 비율이 매우 높다. (d)

8. 캥거루 (a)

9. 수컷은 살아남기 위해 암컷으로 흡수되기
   때문이다. (b)

10. 황제 펭귄 (c)

예술속 자연

1. 〈로렉스The Lorax〉

2. 존 크라카우어

3. 〈혹성탈출〉

4. 인간 대 자연

5. 앨 고어

6. 삼림벌채

7. 〈스톰 체이서〉

8. 찰스 다윈

9. 애니멀플래닛

10. 러시모어산

흙, 바람, 불

1. 부싯돌 (d)

2. 스케이트보드 (a)

3. 철 (c)

4. 방화 (d)

5. 보퍼트 (a)

6. 지구에서 가장 깊은 지점 (a)

7. 물을 사용하지 않는다. (b)

8. 완전한 구체다. (d)

9. 아이다호, 몬태나, 워싱턴 (a)

10. 33% (c)

사랑과 웃음

1. 조이와 재니스 (c)

2. 메리스 (a)

3. 온라인으로 (a)

4. 지나 (d)

5. 제리 (c)

6. 나이아가라 폭포 (c)

7. 맹장수술 (b)

8. 〈왈가닥 루시〉 (d)

9. 섬너 슬론 (a)

10. 스미스 (c)

밀레니엄 시대의 음악가들

1. 린 마누엘 미란다

2. 드레이크

3. 돈다

4. 아델

5. 시아

6. 아리아나 그란데

7. 저스틴 비버

8. 켈리 클락슨

9. bootylicious(섹시한)

10. 〈올 뉴 미키마우스 클럽The All New Mickey Mouse Club〉

한 단어로 거머쥔 오스카

수상 연도

〈브레이브하트〉, 1996년

〈타이타닉〉, 1998년

〈시카고〉, 2003년

〈크래쉬〉, 2006년

〈버드맨〉, 2015년

〈문라이트〉, 2017년

후보 선정 횟수

〈크래쉬〉, 6회

〈문라이트〉, 8회

〈버드맨〉, 9회

〈브레이브하트〉, 10회

〈시카고〉, 13회

〈타이타닉〉, 14회

박스오피스 총 수익

〈문라이트〉, 2,800만 달러

〈버드맨〉, 4,200만 달러

〈크래쉬〉, 5,500만 달러

〈브레이브하트〉, 7,600만 달러

〈시카고〉, 1억 7,100만 달러

〈타이타닉〉, 6억 100만 달러

2019년 즈음의 은어

1. tea (b)

2. extra (b)

3. basic (c)

4. thirsty (d)

5. woke (a)

6. lit (d)

7. low-key (c)

8. salty (d)

9. shade (a)

10. ghosted (d)

집에 전화해

1. 앱

2. 2,400번

3. 그립톡/스마트톡

4. 동영상 보기

5. 달콤한 간식

6. 시리

7. 텔레비전 시청

8. 손목시계

9. AT&T

10. 휴대전화를 가지고 있지 않을 때 불안을
   느끼는 현상

최고의 텔레비전 프로그램

시대별 시트콤

〈왈가닥 루시〉, 1951~1957년

〈비버리 힐빌리즈〉, 1962~1971년

〈올 인 더 패밀리〉, 1971~1979년

〈치어스〉, 1982~1993년

〈아빠 뭐하세요〉, 1991~1999년

〈빅뱅이론〉, 2007~2019년

리얼리티 프로그램 첫 방영일

〈몰래 카메라〉, 1948년

〈데이팅 게임〉, 1965년

〈디스 올드 하우스〉, 1979년

〈티비스 블루퍼스 앤 프랙티컬 조크〉,
  1984년

〈톱 캅스〉, 1990년

〈서바이버〉, 2000년

〈4차원 가족 카다시안 따라잡기〉, 2007년

주간 프로그램 미국 방영 기간-2019년 기준

〈노츠 랜딩〉, 14시즌

〈건스모크〉, 20시즌

〈새터데이 나이트 라이브〉, 45시즌

〈먼데이 나이트 풋볼〉, 49시즌

〈더 원더풀 월드 오브 디즈니〉, 54시즌

〈미트 더 프레스〉, 72시즌

일간 프로그램 미국 방영 기간-2019년 기준

〈오프라 윈프리 쇼〉, 25시즌

〈스포츠센터〉, 40시즌

〈제퍼디!〉, 55시즌

〈가이딩 라이트〉, 57시즌

〈더 투나잇 쇼〉, 65시즌

〈투데이〉, 67시즌

자동차를 타고 시간 여행

1. 〈백 투 더 퓨쳐〉 (a)

2. 스피드 레이서 (d)

3. 미스터리 머신 (c)

4. 셰비 (c)

5. 줄무늬 토마토 (b)

6. 플리머스 새틀라이트, 올즈모빌 비스타 크
  루저, 포드 LTD 컨트리 스퀘어 (d)

7. 인디 500 (b)

8. 메르세데스-벤츠 (d)

9. 먼스터 코치 (b)

10. 아이언하이드/ 포드 F-350 (a)

유일한 히트곡

1. 〈테인티드 러브Tainted Love〉

2. 〈나 나 헤이 헤이 키스 힘 굿바이Na Na Hey
  Hey Kiss Him Goodbye〉

3. 〈99 루프트발론스99 Luftballons〉

4. 867-5309

5. 〈와이프 아웃Wipe Out〉

6. 〈래퍼스 딜라이트Rapper's Delight〉

7. 〈펑키타운Funkytown〉

8. 〈마카레나Macarena〉

9. 〈저스트 원 룩Just One Look〉

10. 〈롤리팝Lollipop〉

닌텐도의 세계

시리즈 출시일

〈마리오 브라더스〉

〈젤다의 전설〉

〈메트로이드〉

〈스타 폭스〉

〈커피〉

배경

드림랜드

버섯 왕국

제베스 행성

하이랄

라일라트계

악당

디디디 대왕

바우저

마더 브레인

가논

안돌프

등장인물

메타 나이트

루이지

사무스

링크

팔코

디즈니 영화

1. 그녀의 목소리 (b)

2. 서쪽 탑 (b)

3. 단기 기억상실 (c)

4. 햄릿 (c)

5. 〈백설 공주와 일곱 난쟁이〉 (a)

6. '웬 유 위시 어폰 어 스타When You Wish Upon

   a Star'(별에게 소원을) (b)

7. 〈뉴스보이〉 (c)

8. 토끼 (d)

9. 〈몬스터주식회사〉 (b)

10. 〈헤라클레스〉 (c)

뉴욕에서… 생방송으로!

1. 아담 샌들러

2. 타깃

3. 처치 레이디

4. 감정 과잉

5. 너드(얼간이)

6. 에디 머피

7. 데벳 골드리

8. 길다 래드너가 연기한 에밀리 리텔라

9. 돈 노벨로가 연기한 귀도 사르두치 신부

10. 크리스 록이 연기한 온스키

오락의 역사

1. 지뢰찾기 (d)

2. 루빅큐브 (b)

3. 퀼트 (c)

4. 호너스 와그너 (b)

5. 비니 베이비 (a)

6. 핀볼 (b)

7. 뉴저지 (a)

8. 유서 깊은 우표들의 가치 상승 (d)

9. 팩맨 (b)

10. 포켓몬 (a)

고전 보드게임

1. 체스와 체커

2. 인생게임

3. 오퍼레이션

4. 리스크

5. 주황색-세인트 제임스, 테네시, 뉴욕

6. 위자

7. 백개먼

8. 쏘리!

9. X와 J

10. 미스터 바디

한발 앞선 패션

모델

수지 파커, 1950년대

트위기, 1960년대

비벌리 존슨, 1970년대

신디 크로포드, 1980년대

지젤, 1990년대

켄달 제너, 2000년대

여성의 유행

푸들 치마와 버뮤다 반바지, 1950년대

필박스 모자와 오버사이즈 깃, 1960년대

통굽 부츠와 나팔바지, 1970년대

다리 토시와 곱창 밴드, 1980년대

통바지와 초커, 1990년대

배꼽티와 캐미솔, 2000년대

디자이너

코코 샤넬, 1950년대

위베르 드 지방시, 1960년대

홀스턴, 1970년대

랄프 로렌, 1980년대

토미 힐피거, 1990년대

마이클 코어스, 2000년대

현대의 인맥

1. 페이스북 (d)

2. 트위터 (d)

3. 보이 미츠 걸 (d)

4. 마이스페이스 (b)

5. 싫어요 (c)

6. 아메리카 온라인 (c)

7. 만우절 (d)

8. 스냅챗 (b)

9. 카우치서핑 (c)

10. 음식 (b)

계절의 노래

1. 〈윈터Winter〉

2. 〈서머 윈드Summer Wind〉

3. 〈서머 게임스Summer Games〉

4. 비발디

5. 〈스프링 피버Spring Fever〉 (봄을 타며 감정적인 기복이 일어나거나 나른해지는 증상을 뜻한다ㅡ옮긴이)

6. 〈시즌스 인 더 선Seasons in the Sun〉

7. 〈그랜드 데프트 어텀Grand Theft Autumn〉 (Grand Theft Auto, 흔히 GTA로 알려진 게임 제목을 재치 있게 변형했다는 뜻ㅡ옮긴이)

8. 〈스프링 어페어Spring Affair〉

9. 〈윈터 원더랜드Winter Wonderland〉

10. 〈어텀 브리즈Autumn Breeze〉 (가을바람)

록의 고전

리드 싱어

짐 모리슨

브루스 스프링스틴

스티비 닉스

프레디 머큐리

밥 시거

로저 돌트리

앨범

〈웨이팅 포 더 선Waiting for the Sun〉 (태양을 기다리며)

〈그리팅스 프롬 애즈버리 파크Greetings from Asbury Park〉 (애즈버리 파크에서 전하는 안부)

〈루머스Rumours〉 (소문들)

〈어 나이트 앳 디 오페라A Night at the Opera〉 (오페라의 하룻밤)

〈어겐스트 더 윈드Against the Wind〉 (바람을 거슬러)

〈콰드로페니아Quadrophenia〉

첫 앨범 출시일

더 후, 1965년

도어스, 1967년

플리트우드 맥, 1968년

E 스트리트 밴드, 1972년

퀸, 1973년

실버 불릿 밴드, 1976년

전기영화

1. 마크 저커버그 (b)

2. 〈보헤미안 랩소디〉 (b)

3. 〈밀크〉 (c)

4. 〈노웨어 보이〉 (a)

5. 〈스티브 잡스〉 (c)

6. NASA (d)

7. 벤 킹슬리 (d)

8. 하워드 휴즈 (b)

9. 〈시드와 낸시〉 (d)

10. 스파이크 리 (b)

기억에 남는 광고

1. 웬디스

2. 마이키

3. 에너자이저 토끼

4. 약물에 취한 상태

5. 캘리포니아 레이즌스

6. 알카셀처

7. 코카콜라

8. 미스터 위플

9. 테이스터스 초이스

10. '와썹?'Whassup? (어떻게 지내?)

장난감의 고전

1800년대~1900년대 중반

파치지(미국식으로 변형된 파치시), 1867년경

플렉서블 플라이어, 1889년

다이아몬드 게임(독일에서 발명), 1892년

크레욜라 크레용, 1903년

링컨 로그, 1916년경

모노폴리, 1935년

1950년대~1960년대

미스터 포테이토 헤드, 1952년

야찌, 1956년

바비, 1959년

이지-베이크 오븐, 1963년

라이트-브라이트, 1967년

핫 휠, 1968년

1970년대~1990년대

트리비얼 퍼수 게임, 1979년 발명되어

1981년 출시

마이 리틀 포니, 1982년

게임보이, 1989년

티클 미 엘모, 1996년

퍼비, 1998년

립패드, 1999년

2000년대

레이저 스쿠터, 2000년

게임큐브, 2001년

실리 밴드, 2002년

닌텐도 Wii, 2006년

해치멀, 2016년

피젯 스피너, 2017년

돈 스텝 인 잇, 2018년

스포일러 경고: 최고의 최종회

1. '굿바이'

2. 〈치어스Cheers〉 (다이앤)

3. 〈맥가이버MacGyver〉

4. 죽는다.

5. 〈세인트 엘스웨어St. Elsewhere〉

6. 〈도망자The Fugitive〉

7. 도로시

8. 30

9. 양아들을 입양했다.

10. 시카고

TV 프로그램의 무대

1. 신시내티 (a)

2. 알래스카 (a)

3. 보스턴 (c)

4. 〈버펄로 빌〉 (c)

5. 오리건 (c)

6. 마이애미 (a) 〈마이애미 바이스〉

7. 사우스 파크 (a)

8. 필라델피아 (b)

9. 비벌리힐스 (a)

10. 바르셀로나 (d)

똑같은 이름!

1. 필리핀

2. 제임스 쿡

3. 찰스 다윈

4. 살바도르

5. 버뮤다

6. 앨버트 공

7. 아테네

8. 웰링턴

9. 빅토리아

10. 조지 워싱턴과 크리스토퍼 콜럼버스

극단적으로

1. 미국 데스밸리 (c)

2. 러시아 (c)

3. 이스라엘과 요르단 사해 (b)

4. 캐나다 누나부트 (a)

5. 바티칸시티 (b)

6. 상하이 (a)

7. 와이오밍 (a)

8. 남극 보스토크 (d)

9. 파푸아뉴기니 (c)

10. 브라질 (b)

떠나고 싶은 휴가지

1. 파리

2. 뉴욕시

3. 하와이

4. 로마

5. 월트 디즈니 월드

6. 런던

7. 마이애미

8. 라스베이거스

9. 샌프란시스코

10. 푸에르토리코

강 이름 맞추기

길이

나일강

양쯔강

황허강

볼가강

콜로라도강

동쪽에서 서쪽으로

허드슨강

미시시피강

미주리강

리오그란데강

콜로라도강

북쪽에서 남쪽으로

유콘강

오비강

도나우강

갠지스강

머리강

국경지역

1. 중국 (b)

2. 미국과 캐나다 (a)

3. 인도와 파키스탄 (c)

4. 캄보디아 (b)

5. 애리조나, 콜로라도, 뉴멕시코, 유타 (d)

6. 중국과 네팔 (a)

7. 센강 (a)

8. 멕시코와 미국 (b)

9. 국토안보부 (a)

10. 뉴지엄 (c)

수출 전문가

1. 중국

2. 멕시코

3. 차

4. 무역 수지 적자

5. 원유

10. 캐나다 밴쿠버

북아메리카

남아메리카

남극

모든 산을 정복하기

유럽

1. 에베레스트산 (d)

오스트레일리아

2. 각 대륙에서 가장 높은 봉우리다. (b)

3. 데스 트랩 (d)

4. 포티식서 (a)

인구

5. 안데스산맥 (c)

아시아

6. 알프스산맥 (a)

아프리카

7. 계속 등반하기에는 팔뚝에 힘이 너무 없다.

유럽

(b)

북아메리카

8. 텐징 노르가이 (a)

남아메리카

9. 부탄 정부가 등반을 금지한다. (a)

오스트레일리아

10. 에귀유산 (d)

남극

C로 시작하는 나라 이름

국가 수

1. 캐나다

아프리카

2. 중국

아시아

3. 캄보디아

유럽

4. 카보베르데

북아메리카

5. 체코

남아메리카

6. 코스타리카

오스트레일리아

7. 카메룬

남극

8. 쿠바

9. 코모로

세계의 명소

10. 콜롬비아

1. 에펠탑 (a)

2. 스페인 사그라다 파밀리아 (c)

7대륙

3. 국립 9·11 추모 박물관 (c)

4. 알렉산드로 2세 (d)

크기

5. 엘미나성 (d)

아시아

6. 러시모어산 (b)

아프리카

7. 베네수엘라 (a)

8. 이스터섬 (b)

9. 나이아가라폭포 (d)

10. 옐로스톤 (a)

도시 이름의 의미

1. 필라델피아

2. 리오데그란데

3. 토론토

4. 코펜하겐

5. 카이로

6. 아크라

7. 레이캬비크

8. 테헤란

9. 트리폴리

10. 앙카라

워싱턴 DC

1. 176㎢ (c)

2. 알파벳 (b)

3. 경연대회에서 우승했다. (a)

4. 피에르 랑팡 (c)

5. 링컨기념관과 국회의사당 (c)

6. 우드로 윌슨 (b)

7. 조지타운 (d)

8. 일본 (b)

9. 링컨기념관 (a)

10. 시어도어 루스벨트 (a)

이 섬에는

1. 엘리스 아일랜드

2. 환상의 섬 Fantay Island

3. 보라보라

4. 피지

5. 오키나와

6. 매키노

7. 그린란드

8. 스웨덴

9. 〈길리건스 아일랜드 Gilligan's Island〉

10. 인도네시아

세계의 색

1. 홍해 (a)

2. 필리핀 (d)

3. 루이지애나 (a)

4. 오스트레일리아 (b)

5. 위스콘신 (a) (그린베이 패커스의 연고지가 위
   스콘신주 그린베이다-옮긴이)

6. 빨간색과 흰색 (c)

7. 초록색 (b)

8. 빨간색 (a)

9. 켄터키 (c)

10. 흰색 (d)

아시아에 있을까? 아프리카에 있을까?

1. 아시아

2. 아프리카

3. 아시아

4. 아프리카

5. 아프리카

6. 아프리카

7. 아시아

8. 아프리카

9. 아시아

10. 아프리카

나라의 별명

1. 스리랑카 (b)
2. 우크라이나 (a)
3. 레바논 (a)
4. 남아프리카 (a)
5. 오스트리아 (b)
6. 캐나다 (d)
7. 르완다 (a)
8. 싱가포르 (b)
9. 인도네시아 (d)
10. 한국 (b)

7장
{   **스포츠**   }

규정집

1. 고의사구
2. 테니스
3. 서명
4. 스텝
5. 아메리칸 리그
6. 속도
7. 1회
8. 복장 규정
9. 비디오 즉시 재생
10. 가장 가까이 있는 공격팀 선수

여성의 권리

1. 1972년 (c)
2. 축구 (a)
3. 보스턴 마라톤 (b)
4. 빌리 진 킹 (b)
5. 예일 (d)
6. 비너스 윌리엄스 (a)
7. 나이키 (b)
8. 몬트리올 (d)
9. 2012년 하계올림픽 (a)
10. b와 c가 모두 맞다. (d)

알아두면 쓸 데 있는 新 잡학퀴즈

야구 보러 가요

오래된 것부터 순서대로
리글리 필드, 1914년

에인절 스타디움, 1966년

로저스 센터, 1989년

프로그레시브 필드, 1994년

시티 필드, 2009년

말린스 파크, 2012년

큰 것부터 순서대로
다저 스타디움

양키 스타디움

오리올 파크

리글리 필드

펜웨이 파크

트로피카나 필드

동부에서 서부로
시티 필드

그레이트 아메리칸 볼파크

개런티드레이트 필드

코프먼 스타디움

쿠어스 필드

링센트럴 콜리세움

라켓 경기
1. 피클볼

2. 셔틀콕

3. 라켓볼

4. 스쿼시

5. 테니스

6. 탁구

7. 패들볼

8. 스쿼시

9. 피클볼

10. 손

알쏭달쏭 스포츠
1. 컵 (a)

2. 지역 대회에서 우승하지 않은 학생들의 참
   가 신청을 받았다. (c)

3. 50점 (b)

4. 스트레이트 플러시 (a)

5. 농어 낚시 (b)

6. 300점 (b)

7. 뉴욕 코니아일랜드 (b)

8. 15 (d)

9. 매트 스토니 (c)

10. 8명의 참가자가 공동 우승했기 때문이다.
    (b)

미국프로풋볼리그(NFL)

NFL 참여 순서
그린베이 패커스, 1921년

필라델피아 이글스, 1933년

댈러스 카우보이스, 1960년

버펄로 빌스, 1970년

시애틀 시호크스, 1976년

볼티모어 레이븐스, 1997년

도시 인구
피츠버그 스틸러스

클리블랜드 브라운스

마이애미 돌핀스

샌프란시스코 포티나이너스

시카고 베어스

뉴욕 제츠

슈퍼볼 진출 횟수

뉴잉글랜드 패트리어츠, 11회

댈러스 카우보이스, 8회

샌프란시스코 포티나이너스, 6회

뉴욕 자이언츠, 5회

필라델피아 이글스, 3회

뉴욕 제츠, 1회

육상 경기

1. 참

2. 거짓: '크로스컨트리'라고 한다.

3. 거짓: '앵커'라고 한다.

4. 거짓

5. 참: 따라서 '스태거드 스타트' 방식이다.

6. 참: 해머던지기도 하지 않는다.

7. 참: 그의 사후에 아마추어 지위와 메달이
   회복되었다.

8. 거짓: 올림픽에서는 마일 달리기 종목이
   없고, 비공식 실험에서 나온 기록이었다.

9. 거짓: 장갑 착용은 허용되지 않는다.

10. 참

e스포츠에 관한 모든 것

1. 비디오 게임 (b)

2. 실시간 스트리밍으로 (c)

3. 퍼스트 퍼슨 슈터 (b)

4. 축구 (a)

5. 포트나이트 (b)

6. 스트리트 파이터 (c)

7. 슈퍼 스매시 브라더스 (b)

8. 매든 NFL (d)

9. 에볼루션 챔피언십 시리즈 (a)

10. 크론 엑스 (d)

만능스포츠 도시

디트로이트

라이언스

타이거즈

피스턴스

레드윙스

뉴욕

제츠

양키스

닉스

레인저스

필라델피아

이글스

필리스

세븐티식스어스

플라이어스

워싱턴 DC

레드스킨스

내셔널스

위저즈

캐피털스

로스앤젤레스

램스

다저스

레이커스

킹스

보스턴

뉴잉글랜드 패트리어츠

레드삭스

셀틱스

브루인스

동물적 본능

1. 코끼리

2. 버펄로 빌스

3. 3개: 볼티모어, 토론토, 세인트루이스

4. 뱅골호랑이

5. 염소

6. PETA(동물을 인도적으로 사랑하는 사람들)

7. 산호세 샤크스

8. 오클라호마대학교

9. NFL

10. 마이애미

운동 용어

1. 지연성 근육통 (a)

2. 펌프트 (c)

3. 특별한 장비가 필요하다. (c)

4. 코어 근육 (c)

5. 위크엔드 워리어스 (a)

6. 게인 (d)

7. "체중을 빼려면 사용하는 열량보다 섭취하는 열량이 더 적어야 해." (d)

8. 이두박근 (b)

9. 서킷 트레이닝이다. (b)

10. 어깨와 팔뚝 (c)

올림픽 금메달

하계올림픽 금메달 수

미국, 1022개

러시아, 440개

독일, 275개

영국, 263개

프랑스, 212개

이탈리아, 206개

동계올림픽 총 메달 수

노르웨이, 329개

미국, 282개

독일, 228개

오스트리아, 218개

러시아, 194개

캐나다, 170개

하계올림픽 개최 시기

이탈리아, 1960년

독일, 1972년

캐나다, 1976년

미국, 1996년

그리스, 2004년

브라질, 2016년

동계올림픽 개최 시기

프랑스, 1992년

노르웨이, 1994년

일본, 1998년

미국, 2002년

캐나다, 2010년

러시아, 2014년

스포츠 홍보

1. 나이키

2. 호너스 와그너

3. 랜스 암스트롱

4. 돈 카터, 볼링

5. 닷지

6. 위티스(시리얼)

7. 마이클 빅

8. 마이크 타이슨

9. 허츠

10. 아디다스

무대 위의 스포츠

1. 워싱턴 세네터스 (b)

2. 축구 (a)

3. 농구 (b)

4. 애스컷 개막 경주 (a)

5. 〈록키〉 (d)

6. 야구 (a)

7. 〈브링 잇 온〉 (b)

8. 인종차별 (a)

9. 〈롬바르디〉 (c)

10. 〈레이디스 포섬〉 (d)

구기 종목

공의 원둘레

골프

테니스

배구

축구

농구

경기장 크기

보체볼

농구

테니스

실내 배구

풋볼

득점 부분 크기

골프

농구

아이스하키

라크로스

축구

영화 속 스포츠

1. 〈해피 길모어Happy Gilmore〉

2. 〈불의 전차Chariots of Fire〉

3. 〈스포츠 나이트Sports Night〉

4. 〈미러클Miracle〉

5. 〈위대한 레보스키The Big Lebowski〉

6. 텍사스

7. 미키 루크

8. 〈씨비스킷Seabiscuit〉

9. 〈뜨거운 우정Brian's Song〉

10. 〈화이트 섀도The White Shadow〉

명예의 전당

1. 배리 본즈 (c)

2. 미국 야구 명예의 전당 (b)

3. 마이클 조던 (c)

4. 수영 (a)

5. 99 (d)

6. 로저 페더러 (b)

7. 노스캐롤라이나 샬롯 (d)

8. 플로렌스 그리피스 조이너 (a)

9. 허브 브룩스 (b)

10. 미아 햄 (a)

말 달리자

경마대회, 개최 시기 순으로

켄터키 더비

프리크니스 스테이크스

벨몬트 스테이크스

휘트니 핸디캡

트래버스 스테이크스

브리더스 컵

미국 3관마, 우승연도 순으로

워 애드머럴

사이테이션

세크리테어리엇

시애틀 슬루

어펌드

아메리칸 파라오

유명한 기수

라피트 핀케이 주니어

윌리 슈메이커

게리 스티븐스

에디 아카로

조지 울프

최고의 명예

1. 빈스 롬바르디

2. 월드컵

3. 스탠리컵

4. 하이즈먼 트로피

5. 스프린트컵

6. 티파니앤코

7. 4대 메이저대회

8. 커미셔너스 트로피

9. US오픈

10. 래리 오브라이언 NBA 챔피언십 트로피

올림픽

1. 모든 국기에 최소한 한 가지는 들어가는
   것이었다. (b)

2. 세 번 (b)

3. 그는 동계와 하계 올림픽에서 모두 금메달
   을 땄다. (a)

4. 우사인 볼트 (b)

5. 러시아 (a)

6. 로스앤젤레스 (d)

7. 프랑스 (a)

8. 마이클 펠프스 (d)

9. 1992년과 1994년 (a)

10. 치어리딩 (a)

스포츠, 별난 사건

1. 무관중 경기가 결정되었다.

2. 맨발 킥

3. 정전되었다.

4. 점프를 했다.

5. 높이뛰기

6. 비둘기를 죽였다.

7. 올림픽 성화 불꽃

8. 안개

9. 양손 포핸드 타법

10. 그는 양손 언더핸드로 자유투를 던졌다.
   ('할머니 스타일')

8장

{ 과학 }

뭔학?

1. 생물학

2. 심장학

3. 신경학

4. 종양학

5. 고생물학

6. 동물학

7. 약리학

8. 지진학

9. 독성학

10. 혈액학

인간 신체

1. 말초 (d)

2. 내분비 (b)

3. 대둔근 (d)

4. 어금니 (d)

5. 홍콩 (c)

6. 얼굴 (a)

7. 스트레스 (d)

8. 뼈 (b)

9. 케라틴 (b)

10. 뒤꿈치 (c)

신체 감각

뼈 (긴 것부터)

대퇴골

비골

상완골

척골

8번 늑골

흉골

뼈 (머리에서 발가락으로)

두개골

하악골

설골

요골

경골

1번 종족골

근육

승모근

대흉근

활배근

대둔근

봉공근

비복근

장기

피부

창자

두뇌

심장

비장

췌장

필요는 발명의 어머니, 필요의 아이는 발명

1. 바퀴

2. 인터넷

3. 요하네스 구텐베르크

4. 쟁기

5. 냉각

6. 증기기관

7. 헨리 포드

8. 플라이어

9. TV 디너

10. 볼펜

과학계의 여성

1. 20 (b)

2. 침팬지 (c)

3. 샐리 라이드 (b)

4. 캐롤라인 허셜 (c)

5. 버지니아 아프가 (c)

6. 수생 공룡 (c)

7. 엘리자베스 아덴 (b)

8. 엘리자베스 블랙웰 (c)

9. COBOL (a)

10. 옥수수 (b)

수금지화목토천해

평균 기온

금성

수성

목성

토성

해왕성

천왕성

크기

수성

금성

지구

해왕성

천왕성

목성

위성의 수

수성, 0

지구, 1

해왕성, 14

천왕성, 27

토성, 최소한 62

목성, 79

그냥 한번 시험해보는 거야

1. 가설
2. 갈릴레오 갈릴레이
3. 통제 집단
4. 이반 파블로프
5. 그레고르 멘델
6. 이중맹검법
7. 아이작 뉴턴
8. 천성이냐 양육이냐 (선천론과 경험론의 논쟁)
9. 키티 제노비즈
10. 힉스 입자

암석과 광물

1. 모든 암석은 광물을 포함한다. (a)
2. 파란색 (b)
3. 단단함 (b)
4. 화성 (a)
5. 깨지지 않는 (a)
6. 퇴적암 (c)
7. 리튬 (d)
8. 30 (a)
9. 철 (b)
10. 고체, 액체, 기체의 형태가 있다. (d)

기본이지

원자 번호

수소, 1

탄소, 6

염소, 17

크립톤, 36

백금, 78

플루토늄, 94

원소 기호 알파벳 순서

은, Ag

아르곤, Ar

금, Au

수은, Hg

칼륨, K

납, Pb

인체에 포함된 양

산소

탄소

수소

질소

칼슘

나트륨

과학의 법칙

1. 허블

2. 케플러

3. 다윈

4. 뉴턴

5. 아르키메데스

6. 아인슈타인

7. 뉴턴

8. 옴

9. 쿨롬

10. 페르마

진화하고 싶다면

1. 『종의 기원』 (d)

2. 박테리아 (a)

3. 고양이 (b)

4. 악어 (a)

5. 관골 (b)

6. 파란 눈 (c)

7. 허버트 스펜서 (b)

8. 턱 (b)

9. 생식세포 돌연변이다. (a)

10. 편두통 (d)

천연자원에 관하여

탄소발자국

양고기

소고기

치즈

참치

감자

렌틸콩

물발자국

우유

오렌지 주스 한 잔

커피 한 잔

와인 한 잔

차 한 잔

1리터들이 생수 한 병

현재 사용량을 유지할 때 예상한 남은 사용 연한

모든 지역에서 사용 가능한 물

석유

천연가스

석탄

시간당 전력 사용량

에어컨

의류건조기

전기 버너

컴퓨터

백열등

오감

1. 후각

2. 단맛, 신맛, 짠맛, 쓴맛

3. 시각

4. 거짓

5. 후각

6. 후각과 미각

7. 통증

8. 직감

9. 신경과전문의

10. 공감각 경험자

고등학교 화학

1. 로베르트 분젠 (b)

2. 얼음 (d)

3. 폭발시키기 (d)

4. NH_3 (c)

5. 전자 (b)

6. deci, deca, kilo, hecto (a)

7. 식초 (c)

8. 양성자 (a)

9. 한 분자에 들어 있는 원자의 수와 종류이다. (d)

10. 오존 (a)

과학적 특수효과

1. 피

2. 드라이아이스

3. 잭 헤일리

4. CGI

5. 합성 배경그림

6. 스톱 모션

7. 홍해가 갈라지는 것

8. 축소 모형

9. 분할 화면

10. 분장상

고등학교 생물

1. C (c)

2. 난세포 (a)

3. 양 (c)

4. 고양이 (a)

5. 조직 (b)

6. 심장질환 (d)

7. 라임병 (a)

8. 곰팡이 (b)

9. 유전학 (a)

10. 세포막을 통한 물 확산 (d)

하늘의 별

1. 적다. (88개)

2. 북두칠성과 소북두칠성

3. 유성

4. 수소와 헬륨

5. C

6. 히드라

7. 거짓: 최소한 2000억 개

8. 황도대

9. 초록색

10. 적색왜성

우주 맛보기

1. 대기가 없기 때문이다. (a)

2. 2061년 (c)

3. 결합한다. (c)

4. 반대편은 어둡다. (b)

5. 화성 (d)

6. 일론 머스크(a)

7. 2억 달러(c)

8. 137억 년(a)

9. 스페이스 정크 (d)

10. 사수자리 A* (a)

기술의 활약

초기 혁신
도구

불

관수법

항해

나침반

인쇄

19세기 혁신
증기기관

철도

사진

전화

전기 불빛

자동차

20세기 혁신
라디오

텔레비전

원자력발전

우주비행

개인용 컴퓨터

인터넷

21세기 혁신
위키피디아

인간 유전체 사업

USB메모리

아이패드

최초의 인공장기 이식

달 뒤편에 연착륙

영화 속 과학
1. 〈쥬라기공원 Jurassic Park〉

2. 〈그래비티 Gravity〉

3. 창조론

4. 〈정글 속의 고릴라 Gorillas in the Mist〉

5. 〈그녀 Her〉

6. 스티븐 호킹

7. 〈아폴로13 Apollo 13〉

8. 〈콘택트 Contact〉

9. 앨런 튜링

10. 〈안드로메다의 위기 The Andromeda Strain〉

공상과학
1. 〈아바타〉 (b)

2. 『프랑켄슈타인』 (a)

3. 쥘 베른 (a)

4. 아이작 아시모프 (b)

5. 디스토피아 (c)

6. 로봇 (b)

7. 평행 우주 (b)

8. 첨단기계의 어두운 화면 (d)

9. 『지킬 박사와 하이드씨』 (a)

10. 시즌 5에는 컬러화면 에피소드가 한 회
    있다. (d)

알아두면 쓸데 있는 新 잡학퀴즈

초판 1쇄 발행 2022년 01월 15일

지은이   도나 호크
옮긴이   서나연
펴낸이   한승수
펴낸곳   온스토리

편집   이상실
마케팅   박건원 김지윤
디자인   김민영 오주희

등록번호 제2013-000037호
등록일자 2013년 2월 5일

주   소   서울특별시 마포구 동교로 27길 53, 지남빌딩 309호
전   화   02 338 0084
팩   스   02 338 0087
E-mail   hvline@naver.com

ISBN 978-89-98934-49-1 03030